D1934446

Lehari | Boss-Teichmann | Pahler | Kleinod

Kräuter!

mit Bärlauch-Spezial

Gartenspaß und Kochvergnügen mit heimischen und exotischen Kräutern

Ulmer

Gabriele Lehari

Inhalt

Gabriele Lehari

Weitere Kräuter von A – Z 110

Agnes Pahler

Info & Service

SMART

Inhalt

Grüne Welt der Küchenkräuter

Kräuter geben vielen Gerichten erst den richtigen Pfiff, enthalten gesundheitsfördernde Stoffe und tragen mit ihrem Duft zu unserem Wohlbefinden bei. Außerdem sind Küchenkräuter eine dekorative Bereicherung für unseren Garten, die Terrasse oder die Fensterbank.

Holen Sie sich die Kräuterfrische in Ihre Küche! Ziehen Sie Ihre Lieblingskräuter in dekorativen Gefäßen auf der Fensterbank oder auf dem Balkon oder legen Sie sich ein Kräuterbeet an. Das frische Grün kann dann sofort in der Küche weiterverarbeitet werden. Neue Rezeptideen bringen hier Abwechslung in Ihren Speiseplan. Und mit einem Vorrat an getrockneten oder eingefrorenen Kräutern können Sie auch im Winter in frischen Aromen schwelgen. Für die eigene Küche und als originelle Geschenkidee lassen sich Kräuter in Essig und Öl einlegen – so bekommen viele Gerichte eine ganz besondere Note.

Herrlich entspannend nach einem anstrengenden Tag ist der aromatische Duft von Kräuterölen. Und spüren Sie die wohltuende und heilende Wirkung von Kräutertees. Auch für die Schönheitspflege können Sie sich die hautpflegenden Inhaltsstoffe zunutze machen: Natürlicher geht's nicht!

Kräuter für Leib & Seele

Das uralte Wissen der Kräuterhexen

Schon seit vielen Jahrhunderten wird die heilende und wohltuende Wirkung von Kräutern genutzt. Und wer kennt nicht die Kräuterhexen, die aus allerhand geheimnisvollen Zutaten für viele Krankheiten und Wehwehchen ein „Zaubermittel" zusammenbrauten?
Heute wissen wir, dass viele Kräuter tatsächlich wohltuende, desinfizierende und antibiotische Stoffe enthalten. Dabei gibt es verschiedene Möglichkeiten der Anwendung. Bei nur geringen Mengen, wie sie beim Kochen verwendet werden, wird keine spürbare Heilwirkung erzielt. Daher werden für medizinische Zwecke häufig Tees oder Auszüge aus Kräutern bereitet. Bei manchen Arten erzielt aber schon der Duft, der durch das Verdunsten der enthaltenen ätherischen Öle zustande kommt, die gewünschte Wirkung wie zum Beispiel beim Lavendel.
Die folgenden Anwendungen zeigen die vielfältige Wirkung von Kräutern – sehr zur Nachahmung empfohlen!

Herstellung von Tee

z. B. aus Minze oder Salbei:

Frische oder getrocknete Blätter (etwa 1/2 bis 1 EL auf 1 Tasse) werden mit kochendem Wasser überbrüht und 5 bis 15 Minuten ziehen gelassen. Danach abseihen und in kleinen Schlucken trinken.

Name	Anwendung	Wirkung
Basilikum	Tee aus Blättern	Nervenberuhigend, schmerzstillend, bei Migräne
Borretsch	Tee aus Blättern	Bei Schleimhaut- und Venenentzündungen
Estragon	Tee aus Blättern	Appetitanregend, harntreibend, verdauungsfördernd
Lavendel	Duft	Beruhigend, krampflösend, schlaffördernd
Lavendel	Tinktur aus Blüten	Durchblutungsfördernd, bei Rheuma und Hautjucken
Majoran	Tee aus Blättern	Bei Magen- und Darmbeschwerden, Blähungen
Minze	Tee aus Blättern	Stoffwechselanregend, krampflösend, bei Gallenkoliken
Minze	Öl zum Einreiben	Bei örtlich auftretenden Schmerzen, Neuralgien
Oregano	Öl	Zum Gurgeln oder Inhalieren gegen Verschleimungen
Rosmarin	Tee aus Blättern	Bei nervösen Herzbeschwerden, Appetitlosigkeit
Salbei	Tee aus Blättern	Bei Katarren der oberen Luftwege, Husten, Durchfall
Thymian	Tee aus Blättern	Appetitanregend, desinfizierend, schleimlösend
Zitronenmelisse	Tee aus Blättern	Bei Nervosität, Blähungen, Herzbeschwerden, Schlaflosigkeit, Migräne, Krämpfen

Kräutertee ist wohltuend für Körper und Seele. Die Wirkung ist am stärksten, wenn man ihn frisch aufbrüht.

Herstellung einer Tinktur

z. B. aus Lavendel:

Frische Blätter oder Triebspitzen mit hochprozentigem Alkohol (über 40 %) übergießen. Das Gefäß verschließen und 14 Tage an einen warmen, sonnigen Ort stellen. Danach filtern und das Kraut gut auspressen. Nehmen Sie zwei- bis dreimal täglich 15 bis 25 Tropfen vor den Mahlzeiten ein oder nutzen Sie die Tinktur zur äußerlichen Anwendung.

Herstellung von Öl

z. B. aus Oregano oder Minze:

Eine Handvoll Blätter mit 1/2 Liter Öl übergießen. An einem warmen, dunklen Ort drei bis vier Wochen ziehen lassen. Anschließend auspressen, filtern und in eine dunkle Flasche abfüllen. Mit besonders viel Heilkraft ausgestattete Kräuter sind Salbei und Rosmarin. Rosmarin wirkt desinfizierend, die phenolischen Säuren im Salbei haben zusätzliche eine Bakterien abtötende Wirkung.
Das machten sich schon im Mittelalter die Straßendiebe zunutze. Als 1690 in Toulouse die Pest ausbrach, wuschen sich die Diebe mit einem Extrakt aus Rosmarin und Salbei, um sich beim Plündern der Toten auf der Straße nicht mit dem tödlichen Erreger zu infizieren.
Lavendel ist sehr vielseitig einsetzbar, besonders wenn es um die gesundheitsfördernde Wirkung geht. Allein sein Duft wirkt beruhigend, krampflösend und schlaffördernd. Daher sorgt ein mit frischem Lavendel gefülltes Duftkissen für einen erholsamen Schlaf. Lavendel-Öl wird direkt eingenommen und hilft gegen Kopfschmerzen, Blähungen und Appetitlosigkeit.

SMART

Schon gewusst?

Schon am botanischen Namen kann man erkennen, ob Pflanzen eine heilende Wirkung zugesprochen wird. Alle Pflanzen, deren Artbezeichnung „officinalis“ ist, wurden früher offiziell als Heilpflanzen angesehen.

Frische Kräuterküche

Was wäre eine gesunde und schmackhafte Küche ohne frische Kräuter? Die meisten Arten bekommen Sie das ganze Jahr über im Handel – frisch im Topf oder als Bund, tiefgefroren oder getrocknet. Selbst gezogene Kräuter – ob im Garten oder im Topf – haben aber den Vorteil, dass sie jederzeit frisch geerntet werden können und man sicher sein kann, dass sie keine Schadstoffe enthalten.

Außerdem duften mit frischen Kräutern gewürzte Speisen besonders intensiv – da läuft einem das Wasser im Mund zusammen! Und genau diese vermehrte Speichelbildung regt die Produktion von Verdauungsenzymen an. Somit tragen Kräuter nicht nur dazu bei, dass Speisen besser eingespeichelt und verschluckt werden können, sondern regen auch die Verdauung an. Nicht umsonst sagt man, dass mit Kräutern gewürzte Speisen besser verträglich sind. Viele Kräuter enthalten zudem ätherische Öle, die gegen Blähungen und Magen-Darm-Beschwerden helfen. Auch regen sie die Herztätigkeit an und verhindern damit die oft auftretende Müdigkeit nach einem üppigen Essen.

Basilikum	Fleisch-, Gemüse-, Pilz- und Eiergerichte, Eintöpfe, italienische Gerichte
Borretsch	Salate, saure Gurken, Eier, Pilze, Garnierung
Dill	Gurken- und Kartoffelsalat, Einlegen von Gurken, Fisch, Gemüsesuppen, Marinaden
Estragon	Einlegen von Gurken, Sauerkraut, weiße Soßen, Kaninchen, Huhn, Kalb, Lamm
Lavendel	Salat, Braten, Fisch
Majoran	Wurst, Suppen, Salate mit Fleisch oder Fisch, Hülsenfrüchte, Bratkartoffeln, Käse
Oregano	Tomatengerichte, Pizza, Chili con Carne
Petersilie	Suppen, Gemüse, Garnierung
Rosmarin	Mediterrane Fleischgerichte, Rouladen, Lamm
Salbei	Lamm, Kalb, Leber, Wild, Geflügel
Schnittlauch	Vielseitig verwendbar, auch mit Quark oder Käse als Brotaufstrich
Thymian	Mediterranes Gewürz, Pizza, Eintöpfe, Geflügel, Wild
Zitronenmelisse	Salate, Kräuterquark, Süßspeisen, Garnierung

Das richtige „Werkzeug“

Zum Ernten benötigen Sie ein kleines, scharfes Messer, um die Kräuterzweige abzuschneiden. Die frisch geernteten Kräuter werden sofort unter kaltem Wasser abgespült und anschließend auf Küchenkrepp getrocknet. Zum Zerkleinern eignet sich am besten ein so genanntes Wiegemesser. Mit den zwei scharfen, gebogenen Klingen lassen sich auf einem Holzbrett die Kräuter gleichmäßig und fein zerkleinern, ohne gequetscht zu werden.

Bei einer abwechslungsreichen, gesunden Ernährung dürfen frische Kräuter nicht fehlen.

Würzen mit Kräutern

Soll man Kräuter mitkochen oder erst zum Schluss der fertigen Speise zugeben? Lässt man Kräuter mitkochen, werden die enthaltenen Mineralstoffe besser freigesetzt. Allerdings werden gleichzeitig die ätherischen Öle, welche die Gewürzkraft ausmachen, durch Kochen weitgehend zerstört. Daher fügen Sie Kräuter grundsätzlich erst gegen Ende der Kochzeit hinzu und lassen Sie diese nur kurz mitziehen. Um den Geschmack der Speise bzw. der Kräuter zu intensivieren, kann man dann noch einmal kurz vor dem Servieren nachwürzen. Wenn Sie noch nicht viel Erfahrung im Umgang mit Kräutern haben, verwenden Sie anfangs immer nur eine Art beim Kochen. So können Sie am besten feststellen, ob Ihnen das Aroma zusagt und wie viel Sie von dem Gewürzkraut für Ihren Geschmack verwenden müssen.

Kräuter bringen Farbe auf den Tisch

Kräuter verleihen einer Speise nicht nur Duft und Aroma, sondern bringen auch Farbe auf den Teller. Und das Auge isst immer mit! Ein kräftiges Grün vermittelt den Eindruck von Frische und wirkt gleichzeitig ausgleichend auf unser Gemüt. Bunte Blüten zur Dekoration sind ein willkommener Blickfang und machen mehr Lust aufs Essen. Probieren Sie es aus!

Frische Kräuterpaste

Aus frischen Kräutern lässt sich ganz einfach eine Paste herstellen, die man als Brotaufstrich oder zum Verfeinern von Suppen oder Soßen verwenden kann. Hierzu werden 100 g frische Kräuter nach Geschmack mit 1 bis 2 Knoblauchzehen, 10 g Salz und 4 EL Olivenöl fein püriert. Will man die Paste nicht gleich verbrauchen, füllt man sie in ein kleines Glas, bedeckt sie 1 cm hoch mit Olivenöl und kann sie so verschlossen einige Tage bei Zimmertemperatur aufbewahren.

SMART

Schon gewusst?

Kräuter mit einem hohen Vitamin-Gehalt (besonders Vitamin C) wie Petersilie, Schnittlauch, Brunnen- und Gartenkresse sollten auf alle Fälle ungekocht verzehrt werden, damit die wertvollen Vitamine erhalten bleiben.

Volles Kräuteraroma

Eine der ganz besonderen Eigenschaften von Küchenkräutern ist ihr aromatischer Duft, wenn die in der Pflanze enthaltenen ätherischen Öle freigesetzt werden. Diese Duftstoffe kann man auf unterschiedlichste Weise zum Aromatisieren verwenden.

Wissenschaftler haben nachgewiesen, dass uns Düfte beeinflussen – kein Wunder, denn der Geruchssinn ist der ursprünglichste aller Sinne. Auch die Aromatherapie macht sich eine Vielzahl von Düften zunutze, um das Wohlbefinden zu steigern, Stresssymptome zu mildern oder eine belebende oder beruhigende Wirkung zu erzielen. Am einfachsten ist bei der Aromatherapie die Anwendung von Duftölen. Sie werden in der Regel durch Wasserdampfdestillation aus den verschiedenen Kräutern wie zum Beispiel Lavendel, Salbei, Rosmarin, Thymian, Majoran oder Oregano gewonnen und sind im Fachhandel erhältlich. Geben Sie einfach ein paar Tropfen auf ein sauberes Taschentuch, atmen Sie tief ein und spüren Sie die wohltuende Wirkung. Oder Sie träufeln einige Tropfen Öl zusammen mit etwas Wasser in die Schale einer Duftlampe und schon wird der Raum mit dem angenehmen Duft erfüllt.

Aromatische Öle lassen sich zum Beispiel mit Oregano und Majoran herstellen.

Kräuteröl

Sie können sich auch aromatisierte Öle selber herstellen, die man dann sowohl zum Kochen als auch zur innerlichen und äußerlichen Anwendung verwenden kann. Hierzu geben Sie einfach vier bis fünf Zweige jeweils eines Krautes (nicht verschiedene) in eine Flasche mit 3/4 l gutem Olivenöl. Die Kräuter sollten zuvor gewaschen und anschließend gut trockengetupft werden. Lassen Sie das Ganze drei bis vier Wochen stehen und filtern Sie dann das Öl ab. Anschließend dunkel und kühl aufbewahren und möglichst innerhalb von drei Monaten verbrauchen. Ätherische Öle aus den Kräutern sind dann in das Olivenöl übergangen und verleihen ihm ein intensives Aroma.

Die Aromastoffe der Kräuter gehen innerhalb von einigen Wochen in das Öl über.

Kräuteressig

Ausschließlich zum Gebrauch in der Küche gedacht sind Kräuteressige. Zum Aromatisieren von Essig sind besonders geeignet Borretsch, Bohnenkraut, Dill, Estragon, Minze, Rosmarin, Thymian und Zitronenmelisse, aber auch viele andere Kräuter mit intensivem Aroma. Der verwendete Essig sollte kein starkes Eigenaroma besitzen wie zum Beispiel Balsamico. Einfacher heller Weinessig ist am besten geeignet. Das Aromatisieren erfolgt wie oben beim Kräuteröl beschrieben. Allerdings kann man beim Kräuteressig auch ruhig mehrere Arten miteinander kombinieren wie zum Beispiel Estragon, Thymian und Rosmarin oder Thymian und Zitronenmelisse. Aromatischer Kräuteressig eignet sich besonders für Salate oder zum Einlegen von Käse oder Gemüse.

Pfefferminzlikör

- 15 Stängel Pfefferminze
- 1 l Weingeist (96%iger Alkohol aus der Apotheke)
- Schale von einer ungespritzten Zitrone
- 1 kg Zucker
- 1 l Wasser

Die Pfefferminze gründlich waschen und grob zerkleinern. In ein großes Glas geben und mit dem Weingeist übergießen. Fest verschließen und zwei Wochen stehen lassen. Zwei Tage vor der Weiterverarbeitung die Zitronenschale zufügen. Nach den zwei Wochen den Zucker mit dem Wasser aufkochen und zu der Kräuter-Weingeist-Mischung geben. Über Nacht ziehen lassen und anschließend durch ein Mulltuch abseihen. In Flaschen füllen und noch zwei Monate stehen lassen. Dann ist der Pfefferminz-Likör verzehrfertig. Man kann ihn pur genießen oder für Mixgetränke verwenden.

SMART Tipp

Wenn Sie Küchenkräuter im Garten ziehen, pflanzen Sie sie an gut zugängliche Stellen – zum Beispiel direkt neben der Terrasse oder an Wegen. Immer wenn Sie dann daran vorbeikommen, reiben Sie ein Paar Blätter zwischen Ihren Fingern und Sie werden sofort den angenehmen Duft verspüren, den sie verströmen.

Schön mit Kräutern

Kräuter eignen sich nicht nur zum Würzen von Speisen und zur Zubereitung von heilkräftigen Tees und Tinkturen. Viele von ihnen lassen sich auch für die Schönheitspflege verwenden. Ob als klärende Hautlotion oder besänftigendes Fußbad – machen Sie sich die hautpflegenden und stimulierenden Inhaltsstoffe zunutze und das ganz ohne Chemie und Konservierungsstoffe!

Gesichtspflege

Viele Kräuter enthalten Substanzen, die Hautunreinheiten klären und das Hautbild verfeinern. Je nach Kraut können Sie den aus den Blättern frisch gepressten Saft direkt auf die Haut aufbringen oder Sie machen ein Dampfbad mit dem entsprechenden Kraut.
Die Blätter der Borretsch-Pflanze sind sehr saftig. Bringen Sie den Saft direkt auf die Haut auf. Er säubert verstopfte Poren und zieht sie zusammen. Ebenfalls gegen unreine und fettige Haut helfen Dampfbäder oder heiße Kompressen mit Kerbel, Majoran, Pfefferminze, Rosmarin, Salbei oder Thymian. Geben Sie hierfür einfach eine Handvoll frische Kräuter in eine große Schüssel und gießen Sie kochendes Wasser darüber. Beugen Sie sich mit dem Gesicht über die Schüssel und legen Sie ein Handtuch darüber. Für Kompressen tränken Sie saubere Tücher mit dem Aufguss und legen diese auf die Haut. Eine Kompresse aus Borretschkraut hilft bei müder, schlecht durchbluteter Haut.

Natürliche Schönheit durch Kräuter: Viele Inhaltsstoffe wirken klärend oder beruhigend.

Reinigungslotion

gegen fettige und unreine Haut

3 TL Olivenöl
1 EL süßes Mandelöl
3 TL Lanolin
1 EL frisch gehackte Petersilie

Die Petersilie in ein dicht schließendes Gefäß geben und mit dem Olivenöl übergießen. Eine Woche an einen warmen Ort stellen. Anschließend filtrieren und die Petersilie gut auspressen. Das gefilterte Öl zusammen mit Mandelöl und Lanolin im Wasserbad erhitzen und anschließend abfüllen. Vor Licht schützen.

Frischer Atem

Basilikum hilft gegen Mundgeruch: Eine Handvoll Basilikum mit 1/4 Liter kochendem Wasser überbrühen. Nach 15 Minuten den Aufguss filtern und den Mund damit gut ausspülen.

Zitronenmelisse desinfiziert und gibt frischen Atem: 10 g getrocknete Blätter werden mit 100 ml hochprozentigem Alkohol (über 40 %) in eine dunkle Flasche gefüllt. Nach vier Wochen Aufbewahrung an einem warmen Ort wird die Lösung gefiltert und bei Bedarf verwendet.

Ein wohltuendes Kräuterbad

Ein Kräuterbad ist eine Wohltat für Körper und Seele. Pflücken Sie einfach zwei Handvoll frische Kräuter und stecken Sie sie in ein Baumwollsäckchen (eine Baumwollsocke tut es auch). Tauchen Sie dieses Säckchen in einen großen Topf mit kochendem Wasser und lassen Sie das Ganze mindestens zehn Minuten ziehen. Dieses Konzentrat gießen Sie nun ins Badewasser. Manche Kräuter wie Rosmarin, Thymian, Zitronenmelisse oder Minze pflegen zusätzlich Ihre Haut.

Auszüge aus Kräutern lassen sich vielfältig für die Schönheitspflege nutzen.

SMART Tipp

Besonders belebend und entspannend ist ein Bad mit Pfefferminze und Rosmarin. Es hilft außerdem bei fettiger und unreiner Haut.

Lavendelöl

für Nägel und Nagelhaut

Füllen Sie vor der Maniküre eine nicht zu große Schüssel mit warmem Wasser. Geben Sie zwei Tropfen Lavendelöl hinein und tauchen Sie die Fingerspitzen mindestens fünf Minuten in das Wasser. Lavendel wirkt besänftigend und antibakteriell und reinigt und desinfiziert das Nagelbett.

Fußbad mit Rosmarin

Übergießen Sie eine Handvoll Rosmarinblätter mit einem Liter kochendem Wasser. Lassen Sie den Aufguss 15 Minuten ziehen und gießen Sie ihn dann ins Fußbad. Es hilft gegen müde Beine und Schweißfüße und bereitet die Füße perfekt für eine Pediküre vor.

SPEZIAL

Vom Topf zum Teller

Kräutergarten auf Fensterbank & Balkon

Auch ohne Garten können Sie jeden Tag frische, selbst geerntete Kräuter nutzen. Fast alle Arten lassen sich genauso gut in Töpfen und Kübeln ziehen, die Sie dann je nach Jahreszeit auf der Fensterbank oder auf dem Balkon platzieren können. Die meisten Küchenkräuter stammen aus dem mediterranen Raum und brauchen daher viel Sonne. Zu ihnen gehören Basilikum, Estragon, Majoran, Oregano, Rosmarin und Thymian. Daher ist für sie ein Südfenster oder ein Südbalkon optimal. Weisen Fenster oder Balkon nur nach Osten oder Westen, sollten Sie sich auf weniger sonnenhungrige Kräuter beschränken wie Petersilie, Kerbel, Kresse, Borretsch, Minze oder Schnittlauch. In reiner Nordlage gedeihen Küchenkräuter in der Regel nicht. Auf dem Balkon sollten Sie darauf achten, dass die Kräuter in einer windgeschützten Ecke stehen. Sollte sich das Haus an einer stark befahrenen Straße befinden, lagern sich entsprechende Schadstoffe und Rußpartikel auf den Kräutern ab. Dann ist es besser, die Töpfe in die Wohnung zu stellen. Kräuter lieben Wärme. Aber oft ist es für sie in der beheizten Zimmerluft zu trocken. Daher besprühen Sie die Pflanzen gelegentlich mit Wasser, um die Luftfeuchtigkeit zu erhöhen.

Eine besonders Platz sparende Lösung!

Welcher Topf soll es sein?

Die Wahl der Pflanzgefäße ist ganz Ihrem Geschmack überlassen. Kunststofftöpfe haben den Vorteil, dass sie leicht sind und die Erde nicht so schnell austrocknet. Sie sind besonders zu empfehlen bei Pflanzen, die große Töpfe benötigen und dann durch das geringere Gewicht besser transportiert werden können. Terrakotta- und einfache Tontöpfe sind schwerer, lassen schneller Feuchtigkeit verdunsten und sind in der Regel nicht frostfest. Mit farbig glasierten Töpfen können Sie Ihren Kräutergarten farblich auf das restlichte Ambiente oder die Blüten- und Blattfarbe der Pflanze abstimmen.
Sie können Kräuter auch in Balkon- oder Blumenkästen pflanzen. Dort kann man sie dann mit Salat, Gemüse oder Blumen kombinieren. Wichtig ist, dass die Pflanzgefäße ausreichend große Abzugslöcher haben, damit keine Staunässe entsteht, da die meisten Kräuter äußerst empfindlich darauf reagieren. Die Töpfe werden dann einfach auf einen passenden Untersetzer gestellt; so lässt sich die Wassermenge beim Gießen gut kontrollieren.
Zum Bepflanzen füllen Sie

am besten auf den Gefäßboden eine Schicht Blähton oder Tonscherben, um einen besseren Abfluss zu gewährleisten. Darauf kommt dann die Erde, in die Sie etwas Hornspäne oder Langzeitdünger-Pellets einarbeiten können, um die Kräuter ausreichend mit Nährstoffen zu versorgen. Als Pflanzsubstrat können Sie normale Blumenerde verwenden. Es gibt im Handel aber auch spezielle Kräutererde.

Durch geschickte Anordnung lassen sich auf engstem Raum viele verschiedene Kräuter ziehen.

Richtiges Überwintern

Viele Küchenkräuter sind einjährige Pflanzen, die bis zum Herbst Erträge bringen und dann absterben. Sie müssen jedes Jahr neu ausgesät oder nachgekauft werden. Es gibt aber auch einige dauerhafte Stauden, deren Frostfestigkeit unterschiedlich sein kann.
Im Garten wachsende Kräuter wie Lavendel, Rosmarin, Oregano oder Thymian sind zwar in der Regel winterhart, bei manchen empfiehlt sich aber besonders in rauen Lagen ein zusätzlicher Winterschutz durch Abdeckung mit Stroh oder Reisig.
Pflanzen, die in Töpfen oder Kübeln gezogen werden, sind wesentlich anfälliger für Frostschäden, da die Erde eher von Frost durchdrungen werden kann, wodurch die Wurzeln geschädigt werden können. Töpfe, die über den Winter draußen bleiben sollen, stellen Sie am besten auf eine Styroporplatte und umwickeln sie mit Noppenfolie. Mehrere Töpfe lassen sich auch zusammen in Kästen überwintern. Dann werden die Zwischenräume ebenfalls mit Noppenfolie ausgefüllt und die Pflanzen von oben noch zusätzlich mit Reisig abgedeckt.
Im Winter sollte das Gießen zwar reduziert, aber nicht ganz eingestellt werden.

SMART

Schon gewusst?

Nicht winterharte Arten brauchen einen möglichst hellen, frostfreien Standort. Geeignet sind zum Beispiel helle Treppenhäuser, helle Garagen oder auch unbeheizte Gewächshäuser oder Wintergärten.

Pflegeleichtes Kräuterbeet

Wenn Sie das Glück haben, einen eigenen Garten zu besitzen, dann sollten Sie auf alle Fälle ausreichend Platz für eine Kräuterecke oder sogar ein separates Kräuterbeet reservieren. Denn Kräuter sind nicht nur praktisch verwendbar in der Küche, sondern auch eine hübsche und duftende Ergänzung zu Blumen- und Gemüsebeeten.

Alternativ kann man Kräuter auch zwischen Gemüse aussäen oder als Randbepflanzung verwenden, wozu sich besonders Stauden und Halbsträucher eignen. Wachsen aromatische Kräuter an den Wegrändern im Garten, sind sie leicht zu beernten. Außerdem verströmen sie jedes Mal, wenn man sie streift oder berührt, ihren betörenden Duft. Ein Kräuterbeet sollte in geringer Entfernung vom Haus angelegt werden, damit der Weg von der Küche dorthin möglichst kurz ist, was besonders bei schlechter Witterung von Vorteil ist.

Die Steinfliesen machen dieses Kräuterbeet gut zugänglich und erleichtern die Ernte.

Die Holzeinfassung verhindert, dass die Kräuter den angrenzenden Rasen überwuchern.

Wenn Sie in Ihrem Garten eine große Rasenfläche haben, wirkt darin ein rundes Kräuterbeet auch als attraktiver Blickfang. Damit der Rasen nicht in das Beet hineinwächst oder die Kräuter nicht den Rasen überwuchern, fassen Sie das Beet einfach mit Steinplatten oder großen Natursteinen ein.

Ideale Pflanzzeit

Die beste Zeit, um ein Kräuterbeet anzulegen, ist das Frühjahr oder der Frühsommer. Allerdings müssen Sie schon im Frühwinter den Boden vorbereiten, indem Sie reifen Kompost oder Mist in die Erde einarbeiten. Bei schlecht durchlässigen Böden empfiehlt sich das Anlegen einer Drainage sowie das Einarbeiten von etwas Sand in die oberen 15 cm Substrat.
Eine möglichst sonnige Lage ist für die meisten Kräuter optimal.

Sie können die Kräuter direkt in das Beet aussäen oder kleine, aus Stecklingen gezogene Pflänzchen setzen. Allerdings empfiehlt es sich, ein völlig neues Beet auch gleich mit kräftigen Jungpflanzen zu besetzen. So erhalten Sie sofort den richtigen optischen Eindruck beim Arrangieren der verschiedenen Arten und können auch bald schon ernten. Achten Sie darauf, dass die höheren Pflanzen nicht den klein bleibenden die Sonne wegnehmen. Also am besten von Süden nach Norden in aufsteigender Wuchshöhe anpflanzen.
Es empfiehlt sich, vor dem Anlegen des Beetes einen Bepflanzungsplan zu erstellen. Das ist besonders wichtig für ein- und zweijährige Kräuter, damit man die einzelnen Arten in den Folgejahren immer an einen anderen Platz pflanzen kann. Somit lässt sich dem Auftreten von Krankheiten leicht vorbeugen.

Das magische Quadrat

An einen sonnigen Standort einen Holzrahmen (Kantenlänge 1,30 m) aus 15 cm breiten und 3 cm dicken Brettern auf den Boden legen.

Das Quadrat bis obenhin mit guter Erde auffüllen (250 bis 300 l erforderlich).

Das Quadrat mit Bindfäden oder Stangen in 16 Quadrate von je 30 cm Kantenlänge aufteilen.

In jedes dieser Quadrate Jungpflanzen einsetzen oder aussäen.

Regelmäßig gießen und oft ernten, dabei gleich das Unkraut entfernen.

Im Juni mit reifem Kompost mulchen.

SMART

Schon gewusst?

Oft fördern die Duftstoffe von Kräutern das Wachstum anderer Gartenpflanzen, wirken abschreckend für Schädlinge oder verhindern einen Pilzbefall bei den Nachbarpflanzen. Stark duftende Kräuter auf Terrasse oder Balkon halten auch kleine Plagegeister wie Mücken fern.

Die Kräuterspirale

Durch das Anlegen einer Kräuterspirale bringen Sie einen ganz besonderen Blickfang in Ihren Garten. Mit der Kräuterspirale können Sie außerdem auf kleinstem Raum viele verschiedene Kräuter, die auch unterschiedliche Ansprüche stellen, anpflanzen und somit ständig für jedes Gericht das passende Kraut frisch ernten.

Eine Kräuterspirale bietet auf engstem Raum Platz für viele Kräuter.

Eine Kräuterspirale können Sie im Frühjahr oder Herbst anlegen. Bei der Wahl des Standortes sollten Sie darauf achten, dass der Weg zum Haus bzw. zur Küche nicht zu weit ist und dass man auch bei schlechtem Wetter möglichst trockenen Fußes dorthin gelangt. So können Sie die frisch geernteten Kräuter sofort verarbeiten. Optimal ist es, wenn die Kräuterspirale frei zur Sonne steht, also nicht durch Bäume oder Mauern beschattet wird.

Sie benötigen eine Grundfläche von etwa 3 m^2. Die Höhe beträgt dann etwa 1 Meter.

Zum Anlegen der Kräuterspirale errichten Sie aus Natursteinen eine nach oben ansteigende Spirale, die mit Pflanzerde aufgefüllt wird. Die Steine speichern die Sonnenwärme und geben sie an die Pflanzen weiter. Um Mutterboden zu sparen, können Sie die höher gelegenen Bereiche zunächst mit Bauschutt, Aushub oder Steinen auffüllen und erst darauf die Erde verteilen. Am Fuß der Kräuterspirale wird die Erde mit reifem Kompost vermischt, um ein nährstoffreiches Substrat zu erhalten. Nach oben hin wird der Anteil an Kompost immer weniger. An der Spitze vermischen Sie die Erde mit Sand und Kalk. Den Fuß der Kräuterspirale bildet ein Miniteich, um hier auch Wasser- und Uferpflanzen ideale Wachstumsbedingungen zu bieten. Zum Anlegen dieses Miniteichs benötigen Sie noch etwas Teichfolie. Der Teich sollte immer Richtung Süden weisen.

Nun können Sie verschiedene Kräuter entsprechend ihrer Bedürfnisse an unterschiedliche Stellen dieser Spirale pflanzen. Arten, die mehr Feuchtigkeit und nährstoffreichen Boden benötigen, werden in den unteren Bereich gesetzt. Kräuter, die viel Sonne benötigen und auch besser Trockenheit vertragen, pflanzt man in die oberen Regionen. Achten Sie darauf, dass höhere Pflanzen auf der Nordseite stehen, damit sie nicht die kleineren Kräuter beschatten.

Ein- und zweijährige Pflanzen müssen regelmäßig ausgetauscht werden. Dabei sollten die einzelnen Arten nie zweimal hintereinander auf denselben Platz gepflanzt werden.

Kräuter lassen sich auch zwischen den Speichen eines alten Wagenrads anpflanzen – aber keine stark wuchernden Arten verwenden!

Die Kräuterspirale lässt sich in vier verschiedene Regionen aufteilen:

A – Wasserzone: nass und feucht, geeignet für Brunnenkresse und Wasserminze

B – Feuchtzone: nährstoffreich, sonnig und feucht, geeignet für Petersilie, Schnittlauch und Kerbel

C – Normalzone: humusreich, halbschattig und trocken, geeignet für Zitronenmelisse, Basilikum, Dill, Estragon und Liebstöckel

D – Mittelmeerzone: mager, sonnig und trocken, geeignet für Oregano, Thymian, Salbei, Majoran und Lavendel.

SMART Tipp

Die Zwischenräume der Mauer können Sie mit kleinen kriechenden Arten wie zum Beispiel Thymian bepflanzen.

Schnecken & Co.

Glücklicherweise sind Kräuter sehr widerstandsfähig gegen Krankheiten und Schädlinge. Dies liegt an dem hohen Gehalt an ätherischen Ölen, die sich in den Blättern befinden. Kräuter bieten sogar benachbartem Gemüse und Zierpflanzen einen gewissen Schutz. Dennoch kann es auch bei ihnen gelegentlich zu einem Befall kommen.

Besonders wenn die Pflanzen nicht optimale Wachstumsbedingungen vorfinden oder sich mit beengten Verhältnissen in Töpfen oder Kübeln begnügen müssen, sind sie anfälliger für Insekten- oder Pilzbefall. Und da wir die Kräuter ja in erster Linie zum Verzehr anpflanzen, sollten wir auf eine chemische Bekämpfung verzichten und auf mechanische und gesundheitlich unschädliche Methoden zurückgreifen.

Blattläuse lassen sich leicht durch Abspritzen oder Abwaschen mit Seifenlösung entfernen.

Die Weiße Fliege tritt nur bei trockenem Wetter auf und ist auf der Blattunterseite zu finden.

Blattläuse

Blattläuse lassen sich meistens durch Abstreifen, durch Bespritzen mit einem scharfen Wasserstrahl und durch Besprühen mit normalem Geschirrspülmittel – natürlich in Wasser verdünnt – von der Pflanze entfernen. Auch das Kochwasser von Pellkartoffeln soll helfen, da das in den Kartoffeln enthaltene Solanin die Blattläuse abtötet.

Schildläuse

Ein Schildlausbefall kommt bei Kräutern ziemlich selten vor. Als Sofortmaßnahme empfiehlt sich das Abbürsten mit einer weichen Zahnbürste. Ein regelmäßiges Besprühen mit Seifenlösung wie gegen Blattläuse beugt einem neuen Befall vor.

Spinnmilben

Spinnmilben können bei lang anhaltender Hitze und Trockenheit auftreten. Man erkennt die feinen Gespinste an den Trieben. Die Blätter sehen gesprenkelt aus und vergilben. Spülen Sie die Spinnmilben mit Wasser oder Seifenlösung ab.

Weiße Fliege

Bei heißem, trockenem Wetter kann es zu Befall mit der Weißen Fliege kommen. Sie wird auch als Mottenschildlaus bezeichnet. Diese kleinen mottenähnlichen Tierchen sitzen auf den Blattunterseiten und saugen Pflanzensaft. Dagegen hilft mehrmaliges Spritzen mit Brennnesseljauche.

Wollläuse

Wollläuse kommen gelegentlich bei Rosmarin vor. Sie bilden weiße wachsartige Wollhäufchen und saugen an Blättern und Trieben. Wischen Sie die Schädlinge mit einem alkoholgetränkten Lappen ab.

Mehltau

Mehltau ist eine Pilzinfektion, gegen die Kräuter mit einem hohen Anteil an ätherischen Ölen ziemlich resistent sind. Zur Vorbeugung können Sie anfällige Pflanzen mit Schachtelhalmbrühe gießen.

Rost

Auch hierbei handelt es sich um eine Pilzerkrankung, die zum Beispiel bei Schnittlauch auftreten kann. Wirksame Vorbeugung ist regelmäßiges Abschneiden der Triebe. Schneiden Sie etwa einmal wöchentlich ein Drittel der Halme knapp über dem Boden ab. Dadurch wird zusätzlich ein dichter Wuchs zarter Halme gefördert und bis sie nachgewachsen sind, können Sie noch von den anderen Halmen ernten.

Schneckenzäune schützen die Kräuter vor den gefräßigen Schädlingen.

Wurzelfäule

Gelbe Blätter und schwärzliche Stiele sind Anzeichen für Wurzelfäule, die durch Staunässe verursacht wird. Graben Sie die Pflanzen sofort aus, vernichten Sie befallene Teile und setzen Sie die Pflanzen an einen anderen Platz in gut durchlässigen Boden.

Nematoden

Manche Kräuter wie zum Beispiel Petersilie können von Nematoden, winzigen Würmern im Boden, befallen werden. Man erkennt es an der Rotfärbung der Blätter. Wird eine Art immer wieder auf derselben Fläche angebaut, erhöht sich die Gefahr eines Auftretens dieser Schädlinge. Daher sollten Sie Kräuter jedes Jahr auf einer anderen Fläche aussäen.

Schnecken

Schnecken lieben zartblättrige Kräuter wie zum Beispiel Basilikum. Verteilen Sie Kieselerde rund um die Pflanzen und mulchen Sie nicht, weil das die Schnecken anzieht und sie sich in der feuchten Umgebung wohl fühlen. Alternativ dazu können Sie auch einen Schneckenzaun um das Kräuterbeet herum anbringen. Schneckenzäune bestehen aus Blech, Gitterdraht oder Kunststoff und müssen eine nach unten abgewinkelte Kante aufweisen, die die Schnecken nicht überwinden können.

SMART

Schon gewusst?

Natürliche Feinde von Blattläusen sind Marienkäfer und deren Larven sowie Florfliegen. Ab Juni sind sie im Garten zu finden.

Kräuter selbst ziehen & vermehren

Ob Sie Kräuter im Garten, auf der Terrasse oder der Fensterbank ziehen möchten, immer stellt sich die Frage, woher man geeignete Pflanzen bekommt. Am kostengünstigsten ist es natürlich, wenn Sie die Pflanzen aus Samen ziehen. Aber auch durch Stecklinge oder Teilung des Wurzelstocks können Sie Kräuter leicht vermehren.

Grundsätzlich lassen sich alle Kräuter aus Samen ziehen; die einjährigen Arten sind am besten dafür geeignet. Bei mehrjährigen Arten kann es dagegen recht lange dauern, bis sich kräftige Pflanzen gebildet haben, die man beernten kann.
Zur Aussaat – auch direkt ins Freiland – eignen sich gut Basilikum, Borretsch, Bohnenkraut, Dill, Kerbel, Liebstöckel, Petersilie, Schnittlauch, Zitronenmelisse und die verschiedenen Kresse-Arten. Kaufen Sie dagegen besser kräftige Jungpflanzen oder ziehen Sie Stecklinge von Estragon, Lavendel, Majoran, Minze, Oregano, Rosmarin, Salbei und Thymian, wobei Sie Estragon, Majoran, Oregano, Salbei und Minze auch aussäen können.

Für die Anzucht und Vermehrung von Kräutern benötigt man nur wenige einfache Utensilien.

Kräuter aus Samen ziehen

Etwa ab März können Sie Kräutersamen aussäen und die Pflänzchen im Haus vorziehen. Wenn die letzte Frostgefahr vorüber ist, können Sie auch direkt ins Freiland säen. Achten Sie dann auf den richtigen Reihen- bzw. Pflanzabstand. Stehen die Pflänzchen zu dicht, müssen Sie pikieren, das heißt, dass nur die kräftigsten belassen werden.
Wenn Sie die Pflänzchen im Haus vorziehen möchten, sollten Sie spezielle Anzuchterde verwenden. Sie ist keimfrei und enthält keinen Dünger, der den Keimlingen eher schaden als

nützen würde. Die in den Samen enthaltenen Nährstoffe reichen nämlich noch für die ersten Wochen des Wachstums aus.
Achten Sie beim Aussäen darauf, ob es sich bei den Pflanzen um Lichtkeimer handelt. Deren Samen dürfen nicht oder nur sehr dünn nach der Aussaat mit Erde bedeckt werden. Alle anderen werden etwa doppelt so hoch, wie der Same dick ist, mit Substrat bedeckt. Die Anzuchterde muss immer gut feucht sein. Die Töpfe oder Schalen decken Sie mit einer durchsichtigen Haube oder Folie

SMART

Schon gewusst?

Mit Saatscheiben können Sie Kräuter ganz einfach selbst ziehen. Sie bestehen aus Vlies, in das die Samen bereits eingebettet sind. Legen Sie die Saatscheiben einfach auf frische Anzuchterde und gießen Sie gut an. Decken Sie etwas Erde darüber und stellen Sie den Topf an einen geschützten, zum Teil besonnten Platz ins Freie. Schon nach sechs Wochen können Sie zum ersten Mal ernten.

Die kleinen Minzepflänzchen werden in größere Töpfe gepflanzt, damit sie ausreichend Platz zum Wachsen haben.

ab, damit ein möglichst gleichmäßiges Kleinklima herrscht. Sobald die Keimlinge erscheinen, wird die Abdeckung vorsichtig angehoben – jeden Tag etwas mehr, bis sie nach einigen Tagen ganz entfernt werden kann, wenn die Pflänzchen schon etwas kräftiger geworden sind. Vorsicht: Sie brauchen viel Helligkeit, aber noch keine pralle Sonne. Sobald neben den Keimblättern die ersten Laubblätter erscheinen, müssen Sie pikieren, Sie lassen also nur die stärksten Pflanzen stehen bzw. setzen zwei bis drei Pflänzchen in jeweils einen Topf. Jetzt werden sie allmählich an einen Sonnenplatz gewöhnt, damit sie sich zu kräftigen Pflanzen entwickeln.

Vermehren durch Stecklinge

Die Vermehrung durch Stecklinge eignet sich vor allem für verholzende Arten wie Rosmarin und Lavendel.

Und so wird's gemacht:
Im Sommer einen 6 bis 8 cm langen Trieb unterhalb eines Blattansatzes mit einem scharfen Messer abschneiden.
Die unteren Blätter mit dem Messer entfernen.
Die Stecklinge in Töpfe mit steriler Erde stecken und mit einer Plastiktüte als Haube abdecken.
Der Steckling ist angewachsen, wenn er wächst und neue Triebe und Blätter erscheinen; dann kann die Haube entfernt werden.

Ernten & Konservieren – so geht's

Wenn Ihnen nicht immer frische Kräuter aus dem Topf oder dem Garten zur Verfügung stehen, legen Sie sich einfach einen kleinen Vorrat an. Im Prinzip lassen sich alle Kräuter trocknen, aber einige verlieren dann so viel von ihrem Aroma, dass man sie besser einfriert oder einlegt.

Gut zum Trocknen geeignet sind: Anissamen, Beifuß, Bohnenkraut, Kümmelsamen, Lavendel, Liebstöckel, Majoran, Oregano, Petersilie, Pfefferminze, Salbei, Thymian, Zitronenmelisse

Gut zum Einfrieren geeignet sind: Basilikum, Borretsch, Dill, Estragon, Kerbel, Lavendel, Liebstöckel, Majoran, Oregano, Petersilie, Pfefferminze, Rosmarin, Salbei, Schnittlauch, Thymian

Gut zum Einlegen in Öl oder Essig geeignet sind: Basilikum, Beifuß, Bohnenkraut, Borretsch (in Essig), Dill, Estragon, Lavendel, Liebstöckel, Majoran (in Öl), Oregano (in Öl), Pfefferminze (in Essig), Rosmarin, Salbei (in Öl), Thymian (in Essig), Zitronenmelisse (in Öl)

Will man Kräuter konservieren, sollten sie bei trockenem Wetter geerntet werden und sauber sein.

Ernten – der richtige Zeitpunkt

Ernten Sie Kräuter bei trockenem Wetter am besten am Vormittag, dann besitzen sie den höchsten Gehalt an ätherischen Ölen. In den heißen Mittagsstunden sollte nicht geerntet werden, da dann der Gehalt an ätherischen Ölen in den Pflanzen am geringsten ist. Blätter haben das beste Aroma, bevor die Pflanze zu blühen beginnt. Werden ganze Triebe benötigt, sollten sie zur Erntezeit noch nicht verholzt sein. Blüten werden am besten geerntet, bevor sie vollständig aufbrechen. Eine Ausnahme bildet hier der Borretsch, dessen offene Blütensterne als Blickfang jede Speise verzieren. Samen wie zum Beispiel von Dill, Anis oder Kümmel werden geerntet, sobald sie beginnen sich braun zu färben. Schneiden Sie dann die ganzen Triebe ab und hängen Sie diese gebündelt auf. So können die Samen noch eine gewisse Zeit nachreifen und lassen sich später leichter ausdreschen.

Ganz einfach trocknen

Das Trocknen ist die einfachste Konservierungsmethode. Wer sich nicht extra dafür ein Trocknungsgerät anschaffen will, kann Kräuter auch an der Luft trocknen.
Man kann sie hierfür entweder zu kleinen Bündeln kopfüber an einen warmen, schattigen, trockenen Ort hängen oder man breitet sie auf einem mit Küchenkrepp ausgelegten Tablett aus und stellt sie an einen warmen Ort. Wenden Sie dann die Pflänzchen regelmäßig. Es sollten solche Bedingungen herrschen, dass die Kräuter innerhalb von höchstens drei Tagen rascheltrocken sind. Sollte das nicht der Fall sein, ist eine Trocknung im Backofen bei 35° C bis 45° C oder im Dörrgerät zu empfehlen.
Die trockenen Blätter werden von den Stielen abgestreift, zerkleinert und in dicht schließenden Gefäßen vor Licht geschützt aufbewahrt.
Kräuter, die getrocknet werden sollen, dürfen auf keinen Fall vorher gewaschen werden. Staub und loser Schmutz werden einfach abgeschüttelt.

Zum Trocknen werden Kräuter mit Schnüren gebündelt kopfüber aufgehängt.

Frisch halten durch Einfrieren

Das Einfrieren hat den Vorteil, dass Sie innerhalb kürzester Zeit große Mengen an Kräutern konservieren können. Da die Blätter durch das Einfrieren weich werden und teilweise auch ihre Farbe verändern, lassen sie sich nach dem Auftauen nicht mehr zum Garnieren verwenden. Daher werden Kräuter am besten gleich fein zerkleinert eingefroren.
Geben Sie die gehackten Kräuter in Eiswürfelschalen und füllen Sie mit Wasser auf. Sobald sie durchgefroren sind, geben Sie die Kräuter-Eiswürfel in Gefrierbeutel oder -dosen, um sie bequem im Gefrierschrank zu lagern. Vergessen Sie nicht, die Gefäße zu beschriften! Zur späteren Verwendung können Sie einfach die gefrorenen Kräuterwürfel beim Kochen zugeben.

SMART Tipp

Um die Farbe der Kräuter besser zu erhalten, kann man sie vor dem Zerkleinern kurz blanchieren, also etwa für zehn Sekunden in kochendes Wasser tauchen.

Bärlauch – Powerpflanze aus dem Frühlingswald

Bärlauch ist seit einigen Jahren immer beliebter geworden, es entstand ein regelrechter Boom. Neue Produkte von Bärlauch-Pesto bis Bärlauch-Käse kamen auf den Markt.

Woher kommt diese Begeisterung? Vielleicht daher, dass Bärlauch einer der ersten Frühlingsboten ist – auch kulinarisch gesehen. Und nach den langen, grauen Wintermonaten sehnt sich das Auge nach frischem Grün und der Körper nach belebender Kost.

Gute Gründe für die Popularität des Bärlauchs gibt es auf jeden Fall viele: Er kann in der Natur gesammelt, aber auch problemlos im Garten angebaut werden, er ist eine hochwirksame Heilpflanze und vielseitig in der Küche verwertbar.

In diesem Buch erfahren Sie alles Wissenswerte rund um die Powerpflanze: Wo wächst Bärlauch, worauf muss man beim Sammeln oder beim Anbau im Garten achten? Wie wurde Bärlauch in der Heilkunde vergangener Zeiten eingesetzt, woher kommt sein Name? Was sagt die moderne Medizin zur gesundheitsfördernden Wirkung des Bärlauchs?

Nicht zuletzt finden Sie hier viele Tipps zum Kochen mit Bärlauch und einen großen Rezeptteil mit einfachen und raffinierten Bärlauchgerichten.

Bärlauch sammeln und anbauen

Ausflug in die Botanik

Bärlauch ist nahezu in ganz Europa heimisch und an ein feuchtes und gemäßigtes Klima angepasst. Was er gar nicht liebt, ist direkte Sonneneinstrahlung, das Licht muss durch ein Blätterdach abgemildert sein.

Geografische Verbreitung

Bärlauch kommt nur auf der Nordhalbkugel der Erde vor. Er wächst in fast ganz Nord- und Mitteleuropa sowie in Nordasien (Kleinasien, Kaukasus, Sibirien bis zur Halbinsel Kamtschatka). In heißen und trockenen Gegenden fehlt er allerdings, so in der ungarischen Tiefebene und den immergrünen Regionen des Mittelmeers. Das hat seinen Grund: Die Pflanze braucht Feuchtigkeit und ist nicht an Wassermangel angepasst. Man erkennt dies auch daran, dass Bärlauchblätter rasch welken, nachdem sie von der Pflanze abgeschnitten wurden.
In Deutschland ist der Bärlauch vom Voralpenland bis zur Insel Rügen verbreitet. In Mittelgebirgen, beispielsweise in der Eifel oder im Harz, findet man oft ausgedehnte Bärlauch-Standorte. In Süd- und Mitteldeutschland ist er häufig zu finden, nördlich der Linie Münster – Hannover wird er seltener und fehlt in Teilen der norddeutschen Tiefebene ganz.

Bärlauch-Porträt

Standort: Feuchte, humusreiche, schattige Laubwälder, Quellstellen und Auen; liebt Buchenwälder.

Sammelzeit: Je nach Region und Witterung zwischen März und Mai.

Aussehen: Langgestielte, lanzettförmige Blätter, bis 30 cm lang. Kugelförmige Blütendolde mit weißen, sternförmigen Einzelblüten auf blattlosem Stängel.

Standorte

Bärlauch ist gesellig und kommt in der freien Natur immer in Massen vor, es gibt regelrechte Bärlauch-Wiesen. Seine bevorzugten Standorte sind feuchte, humusreiche, schattige Laubwälder, von Bächen durchzogene Schluchten, Quellstellen und Auen. In Mittelgebirgen ist er häufig in Buchenwäldern zu finden. Nie wächst er dagegen auf offenen Wiesen und in trockenen Kiefernwäldern. Häufig findet man folgende Pflanzen in der Gesellschaft des Bärlauchs: Rotbuche, Buschwindröschen und Schlüsselblume, Gefleckter Aronstab und Ährige Teufelskralle.

Botanik

Der Bärlauch ist eine ausdauernde, mehrjährige Zwiebelpflanze und zählt zur Familie der Lauchgewächse (Alliaceae). Innerhalb dieser gehört er zur artenreichen Gattung *Allium*, zu der so wichtige Kulturpflanzen wie die Gemüsezwiebel, der Knoblauch, der

Bärlauch kommt immer in Massen vor und bildet regelrechte Wiesen.

Lauch (Porree) und der Schnittlauch gehören. Bärlauchfreunde sind begeistert, wenn sich Ende März/Anfang April die ersten jungen Pflänzchen zeigen. Zu dieser Zeit beginnt die Zwiebel mit dem Austrieb der – meist zwei – Blätter. Mit ihrem zarten Grün beleben sie den noch von den braunen Blättern des vergangenen Herbstes bedeckten Waldboden. Die Bärlauchblätter werden 20 bis 30 cm lang, sind lanzettförmig und langgestielt. Auf einem bis zu 50 cm hohen Stängel bildet der Bärlauch seinen kugelförmigen Blütenstand. Er ist anfangs von einem dünnhäutigen Hüllblatt umschlossen, das aber rasch abfällt. Die Scheindolde besteht aus zarten, weißen, sternförmigen Einzelblüten, die am Ende von dünnen Stielen sitzen.

Nach der Blüte entwickeln sich grüne Samen, die schließlich abfallen und – günstige Bedingungen vorausgesetzt – im nächsten Jahr keimen. Die Basis der Pflanze bildet die im Boden steckende weiße Zwiebel. Sie ähnelt der Frühlingszwiebel und ist länglich und schlank. ●

SMART

Das Jahr des Bärlauch-Liebhabers

Welchen Zeitpunkt sollten Bärlauch-Freunde nicht verpassen?

- **Februar / März:** nach den ersten Pflänzchen an Bärlauch-Standorten Ausschau halten.
- **April:** Setzlinge im Garten pflanzen, Blätter ernten und bevorraten (Einlegen / Einfrieren)
- **Mai:** Blüten ernten
- **Juni:** Samen ernten
- **Juli:** Samen aussäen
- **September / Oktober:** Zwiebeln stecken

Sammelleidenschaft

Wo der Bärlauch wächst, erfahren Sie im Kapitel „Ausflug in die Botanik" (Seite 36). Selbstverständlich sollte sein, dass man beim Sammeln die Natur schont. Dazu gehört auch, dass man die Bestände nicht restlos plündert, sondern immer nur so viel erntet, wie man tatsächlich selber verbrauchen kann.

Bärlauch sammeln macht Spaß – die Natur dabei schonen auch!

Sammeln und Naturschutz

In Naturschutzgebieten ist das Sammeln von Pflanzen grundsätzlich nicht erlaubt. Außerhalb davon dürfen Wildpflanzen in haushaltsüblichen Mengen für den Eigenbedarf gepflückt werden, sofern sie nicht unter die Bundesartenschutzverordnung fallen. Dies ist beim Bärlauch nicht der Fall. Allerdings steht er in Brandenburg und Schleswig-Holstein auf der Roten Liste gefährdeter Pflanzen – diese Tatsache verbietet das Sammeln zwar nicht, doch sollte man in diesen Regionen besonders sensibel sein. Fragen Sie im Zweifelsfall bei örtlichen Naturschutzverbänden nach, ob der Bestand des Bärlauchs in Ihrer Gegend gefährdet ist. Selbst ausgedehnte Bestände vertragen es nicht, wenn am Wochenende Massen von Bärlauch-Liebhabern über sie hinwegziehen. Man sollte also darauf achten, dass man nicht auf die zarten Pflanzen tritt und dabei die Blätter zerquetscht. Am besten nur am Rand von Bärlauch-„Feldern" ernten. Zum Abschneiden der Blätter benutzt man ein scharfes, kleines Messer oder eine Küchenschere. Auch sollte man jeweils nur ein Blatt pro Pflanze abschneiden – schließlich braucht diese ihre Blätter, um Nährstoffe in der Zwiebel zu speichern. Diese geben ihr im nächsten Jahr wieder Kraft zum Austreiben. Das Ausgraben von Pflanzen im Wald schädigt das Ökosystem und sollte unterbleiben.

Vom richtigen Zeitpunkt

Die beste Erntezeit für die Blätter liegt, wie bei Kräutern generell, vor dem Beginn der Blüte. Jetzt schmeckt die Pflanze am aromatischsten, da sie ihre Kräfte noch nicht für die Blütenbildung „verausgabt" hat. Je nach Region und nach Härte des Winters erscheinen die Blätter ab Anfang Februar bis Ende März. Die Hauptblütezeit des Bärlauchs ist der Mai, witterungsbedingte Unterschiede von sechs bis acht Wochen sind möglich. Wenn die zarten Blüten abfallen, werden die kugeligen grünen Samenstände sichtbar. Dann ist es mit der Pracht auch schon bald vorbei, denn die Vegetationsperiode des Bärlauchs ist kurz: Ab Juni, wenn Wachstum und Blüte der Pflanze abgeschlossen sind, beginnen die Blätter zu welken – die Pflanze fällt in ihren Sommerschlaf, um erst im Vorfrühling wieder in Erscheinung zu treten.

Geernteter Bärlauch sollte so rasch wie möglich nach Hause gebracht werden, da er schnell welkt.

Nach Hause transportieren

Die Blätter kann man in einem Körbchen nach Hause tragen. Auf keinen Fall sollten sie zusammengedrückt werden, denn sie sind sehr empfindlich. Einmal geerntet, verlieren sie rasch an Feuchtigkeit und „machen schlapp". Für einen längeren Transport sollten die Blätter in Plastikdosen oder Gefrierbeuteln aufbewahrt werden, in die man etwas Wasser gibt. So kann man an das Sammeln noch eine Wanderung anschließen. Allerdings ist bei warmem Wetter Vorsicht geboten, denn Hitze lässt den Bärlauch schnell schlaff werden. Die Gefrierbeutel sollten leicht aufgeblasen und zugebunden werden. Kann man den Bärlauch zu Hause nicht sofort verarbeiten, was natürlich ideal wäre, kann man ihn in dieser Verpackung auch ein bis zwei Tage im Kühlschrank aufbewahren.

SMART

Zu welcher Tageszeit ernten?

- Der **Morgen und** der **Vormittag** sind ideale Erntezeitpunkte bei Kräutern, denn dann ist der Gehalt an ätherischen Ölen am höchsten.
- Dies gilt auch für **trockenes Wetter**, das günstiger für das Aroma ist als feuchtes.
- Am wenigsten ätherische Öle enthalten Pflanzen, die in den **warmen Mittagsstunden** geerntet werden.

Sicherheit beim Bärlauch sammeln

Wer Bärlauch im Wald sammeln möchte, sollte sich gut mit dem Aussehen der Pflanze vertraut machen, denn immer wieder kommt es zu gefährlichen Verwechslungen mit den giftigen Maiglöckchen oder Herbstzeitlosen.

Das auffälligste Charakteristikum des Bärlauchs ist natürlich sein knoblauchartiger Geruch, der sofort freigesetzt wird, wenn man ein Blatt mit den Fingern leicht zerreibt. Doch Vorsicht: Beim Sammeln geht der Geruch auf die Finger über, und dann besteht die Gefahr einer Verwechslung.

Blätter erkennen

Daher sollte man sich das Aussehen des Bärlauchs gut einprägen: Seine Blätter sind meist zu zweit angeordnet und enden in 5 bis 20 mm langen Stielen. Sie umgreifen einander nicht. Anders bei den Maiglöckchen und Herbstzeitlosen: bei ihnen umgreifen die Blätter einander und wachsen direkt aus dem Boden.
Generell sollte beim Sammeln von Pflanzen in der Natur gelten: Nehmen Sie nur mit nach Hause, was Sie ganz sicher kennen – bei noch so kleinen Zweifeln die Blätter lieber im Wald stehen lassen!

1 ◂ **Das Maiglöckchen (*Convallaria majalis*)** liebt wie der Bärlauch schattige Laubwälder. Seine Hauptinhaltsstoffe sind Glykoside, die das Herz angreifen. Beim Verzehr kleiner Mengen wurden bisher nur Magen-Darm-Beschwerden beobachtet, große Mengen des Giftes führen allerdings zum Tod. Die Pflanze wird 10 bis 20 cm hoch und hat elliptisch bis lanzettlich geformte Blätter. Anders als beim Bärlauch umgreifen die Blätter einander und wachsen zu zweit direkt aus dem Boden. Eine Verwechslung mit dem Bärlauch ist eigentlich nur vor der Blüte möglich.

Angst vor dem Fuchsbandwurm?

Das Risiko eines Befalls mit dem Fuchsbandwurm taucht immer wieder in den Medien auf. Die Eier des Kleinen Fuchsbandwurms (*Echinococcus multilocularis*) werden mit dem Fuchskot ausgeschieden. Gelangen sie in das Verdauungssystem des Menschen, können sie als Finnen in der Leber zu großen, tumorartigen Wucherungen führen. Früher starben erkrankte Menschen am Fuchsbandwurm, heute können auch im Spätstadium noch 90 % gerettet werden. Allerdings ist das Risiko einer Erkrankung sehr gering, in Deutschland werden jährlich etwa zwölf Neuerkrankungen festgestellt. Was kann man tun, um das Risiko zu senken? Wirklich abgetötet werden die Eier des Fuchsbandwurms nur durch Erhitzen. Wer ganz sicher gehen möchte, muss den Bärlauch also kurz kochen oder mit kochendem Wasser überbrühen. Einfrieren nützt dagegen nichts. Gründliches Waschen ist immer von Vorteil, doch bleibt hier ein Restrisiko erhalten, welches jeder für sich selbst abwägen muss.

2

▲ **Die Herbstzeitlose (*Colchicum autumnale*)** treibt im Frühjahr ihre Blätter aus, diese werden immer wieder mit Bärlauch verwechselt. Erst im Herbst erscheint dann die rosa- bis lilafarbene, krokusähnliche Blüte. Gefährlich ist das Gift Colchicin, das in allen Pflanzenteilen enthalten ist. Schon der Verzehr von 60 g der Blätter kann für einen Erwachsenen tödlich sein. Die Blätter sind ähnlich wie beim Bärlauch lanzettartig geformt. Die wesentlichen Unterscheidungsmerkmale sind: Die Blätter des Bärlauchs sind gestielt (auf dem Foto: rechts), die der Herbstzeitlosen umfassen einander rosettenartig und wachsen direkt aus dem Boden (links). Außerdem sitzt im unteren Bereich der Blätter der Herbstzeitlosen eine dreiteilige, länglich-eiförmige Kapsel, die viele kleine Samen enthält.

Sterne im Schattengarten

Bärlauch gedeiht prächtig im Garten und bedarf so gut wie keiner Pflege. Allerdings muss der Standort stimmen.

Der ideale Standort

Der Boden sollte humusreich, nicht zu basenarm, tiefgründig und „frisch" sein, also weder zu trocken noch zu feucht. Der ideale Platz ist halbschattig, liegt unter Laubgehölzen oder unter einer Hecke aus Laub abwerfenden Sträuchern. Ist der Standort zu sonnig, bleiben die Pflänzchen klein und kümmern vor sich hin. Damit ab Juni, wenn die Bärlauchblätter welken, keine Lücken in der Bepflanzung entstehen, kann man Bärlauch mit verschiedenen Stauden kombinieren, beispielsweise mit Sterndolden, Wald-Glockenblumen, Kleinem Immergrün oder Kriechendem Günsel.

An einem schattigen Standort bilden sich auch im Garten üppige Bärlauch-Wiesen.

Pflänzchen, Zwiebeln oder Samen?

Bärlauchpflänzchen sind seit ein paar Jahren immer häufiger im Angebot. Halten Sie danach in Gärtnereien, beim Gemüsehändler und auf Wochenmärkten Ausschau. Die Pflanzen werden im Frühjahr an Ort und Stelle eingesetzt. Man pflanzt den Bärlauch entweder mit einem Abstand von etwa 10 cm nebeneinander, oder man bildet Gruppen von drei bis fünf Pflanzen, zwischen denen man etwa 30 cm Abstand lässt. So hat der Bärlauch Raum für die natürliche Vermehrung.

Nach dem Einpflanzen sollte man gründlich wässern. Bärlauch kann auch aus Zwiebeln oder Samen gezogen werden. Erstere werden einfach im Herbst etwa 10 cm tief in den Boden gesteckt. Geerntet werden kann schon im nächsten Frühjahr, wenn auch recht kleine Blätter. Lohnender wird die Ernte erst nach drei bis vier Jahren, wenn sich die Pflanze mehrmals versamt hat. Die Anzucht aus gekauftem Saatgut ist schwieriger. Das Saatgut muss ganz frisch sein und am besten schon im Juli ausgesät werden. Älteres Saatgut keimt nur zu einem geringen Prozentsatz. Man sät am besten direkt im Freiland aus und sollte darauf achten, dass die Stelle nicht mit Gras überwuchert wird, sonst haben die zarten Pflänzchen keine Chance. Bärlauch ist ein Kaltkeimer: Erst die Frosteinwirkung im Winter löst den Keimvorgang aus. Wenn man Glück hat, zeigen sich im Frühjahr die ersten zarten Pflänzchen,

Bärlauch gedeiht im Halbschatten unter Gehölzen.

von denen aber frühestens im nächsten Jahr geerntet werden kann. Sicherer und schneller zum gärtnerischen Erfolg führen Setzlinge!
Ein wenig Geduld muss man jedoch immer mitbringen: Bis die Bärlauch-Ernte üppiger ausfällt und die Pflanzen sich zu einem dichten Teppich vermehrt haben, vergehen etwa drei bis vier Jahre. Ist der Bärlauch erst einmal im Garten heimisch geworden, ist er denkbar anspruchslos, besondere Pflegemaßnahmen sind nicht nötig. Auch Düngung ist überflüssig – als Wildkraut würde der Bärlauch sie gar nicht schätzen. Es erscheinen jedes Jahr mehr Pflänzchen, denn die Pflanze sät sich selber aus. Die Jungpflanzen können auch an ganz anderen Orten im Garten auftauchen, denn die Samen werden von Ameisen verschleppt. Außerdem vermehrt sich Bärlauch vegetativ über die Zwiebeln und wächst dann in dicken Büscheln.

SMART

Garten-Steckbrief Bärlauch

- **Standort:** Halbschattig, unter Laub abwerfenden Gehölzen, tiefgründig, humusreich.
- **Pflanzzeit:** Pflänzchen im zeitigen Frühjahr, Samen im Sommer, Zwiebeln im Herbst.
- **Pflege:** Bei langer Trockenheit wässern, Düngung nicht nötig.
- **Vermehrung:** Von selbst, durch Zwiebeln oder Samen. Wünscht man keine weitere Vermehrung, müssen die Blüten vor der Samenbildung abgeschnitten werden.

Gesund mit Bärlauch

Mythen und Fakten

Gehörte der Bärlauch zu den traditionellen Heil- und Küchenpflanzen oder fristete er ein Schattendasein in den Tiefen der Wälder? Die Spurensuche in der Geschichte des Bärlauchs ist spannend und beleuchtet interessante Facetten: Man erfährt viel über die Pflanze selbst wie auch über die Bedeutung der Pflanzenheilkunde zu verschiedenen Zeiten.

Der Bärlauch-Boom

Bärlauch und Knoblauch standen schon in der Volksheilkunde des Mittelalters bei uns in hohem Ansehen (mehr dazu auf Seite 48). Erst die Wiederentdeckung der Pflanzenmedizin im 20. Jahrhundert lenkte die Aufmerksamkeit erneut auf die Lauchgewächse. Es sollte jedoch noch einige Zeit vergehen, bis der Bärlauch aus seinem Dornröschenschlaf erwachte. Sein kräftiges Knoblaucharoma war in unseren Breiten einfach verpönt. Beispielsweise heißt es in einem Standardwerk zur Pflanzenkunde von 1909: „Die Pflanze [der Bärlauch] würde eine dankbare Gartenpflanze sein, wenn sie nicht mit dem starken, unangenehmen Knoblauchgeruch ausgestattet wäre." Seine Verwendung als Küchenpflanze war bei unseren Ur- und Ur-Ur-Großmüttern weitgehend unbekannt. In Kochbüchern des 19. und 20. Jahrhunderts findet sich kein Hinweis. Allerdings wurde er von Bäuerinnen und Landfrauen vor allem in Süddeutschland, Österreich und in der Schweiz immer verwendet, so dass es mündlich und handschriftlich überlieferte Rezepte gibt.
Der große Bärlauch-Boom setzte jedoch erst Ende des letzten Jahrhunderts ein, als professionelle Köche den Bärlauch entdeckten und er im Frühjahr auf den Speisekarten sowohl von Spitzenrestaurants als auch von Landgasthöfen erschien. Mittlerweile ist es auch für den Hobbygärtner oder -koch kein Problem mehr, sich mit dem beliebten Grün einzudecken: Gärtner bieten Pflänzchen an, auf Wochen-

Schon die alten Germanen schätzten das frische Grün des Bärlauchs.

märkten findet man Bärlauch-Bunde und scheinbar ist kein Lebensmittel ungeeignet, um es durch die Beigabe von Bärlauch zu einem potentiellen Verkaufsschlager zu machen, seien es Bärlauch-Tofu, Bärlauch-Käse, Bärlauch-Maultaschen oder Bärlauch-Leberwurst.

Wie kommt der Bärlauch zu seinem Namen?

Der ursprüngliche Name der Pflanze hatte noch nichts mit dem Bären zu tun. Er leitet sich vom germanischen Ausdruck „hramusan" beziehungsweise vom althochdeutschen Wort „ramsada" ab, mit dem Zwiebel- und Lauchgewächse bezeichnet wurden. Noch heute ist in einigen Landstrichen die Bezeichnung „Ramser", „Rämsch" oder „Ramsel" für den Bärlauch üblich. Einer Überlieferung nach sollen die alten Germanen das Kraut in Verbindung mit dem Bären gebracht haben: Es wird berichtet, dass die Bären sich nach dem Winterschlaf über das frische Grün hermachten, um wieder zu Kräften zu kommen. Da liegt die Schlussfolgerung nahe,

Ramser, Ramsen, Zigeunerlauch und Hexenzwiebel sind weitere Namen des Bärlauchs.

dass sein Verzehr auch dem Menschen „Bärenkräfte" verleihen kann. Sicher ist aber, dass der Name „Bärlauch" auf eine besondere Bedeutung dieses Lauchgewächses für die Menschen früherer Zeiten hinweist: In der Mythologie galt der Bär als seelentragendes Tier, und den Rang einer Pflanze kann man auch an der Bedeutung des Tieres ablesen, das ihm seinen Namen gab.

SMART

Das Ramschelfest

› **Diesestraditionelle Bärlauchfest** wird noch heute in Hayn (Gemeinde Mönchenholzhausen) in Thüringen gefeiert. Es ist eng mit dem Volksglauben an die heilbringende Wirkung des Bärlauchs verknüpft. Früher fand es immer am 30. April, zur Walpurgisnacht, statt, da man glaubte, der Bärlauch würde seine Heilkraft verlieren, nachdem die Hexen mit ihren Besen darüber geritten seien.

Altes Heilwissen

Das Wissen um die Heilkraft der Natur ist uralt – so alt wie die Menschheit selbst. Denn unseren Vorfahren blieb gar nichts anderes übrig, als Medizin aus Mineralien, Pflanzen und Tieren zu gewinnen. Schamanen, Medizinmänner und heilkundige Frauen wussten, welches Kraut wogegen hilft und wo es zu finden ist.

Eine Bärlauch-Abbildung *aus dem „Kreuterbuch" von Leonhart Fuchs (16. Jahrhundert).*

Bärlauch bei den Germanen

Schon zur Zeit der Germanen war Bärlauch nördlich der Alpen verbreitet. Bei Ausgrabungen jungsteinzeitlicher Pfahlbauten im Voralpenland fand man häufig Bärlauchsamen. Auch die Tatsache, dass ein germanischer Name der Pflanze existierte (*hramusan* = Ramser, siehe dazu Seiten 46/47) spricht dafür, dass der Bärlauch bei unseren Vorfahren bekannt war. Dass er außerdem durch seine Namensgebung mit einem mächtigen, seelentragenden Tier in Verbindung gebracht wurde, zeigt seine Bedeutung im Volksglauben. Dies gilt übrigens für viele Pflanzen, die Tiernamen tragen, wie z. B. Bärenklau, Wolfsmilch oder Fuchswurz.

Die Klostermedizin

Ihre Blütezeit erlebte die Pflanzenmedizin im Mittelalter. Die gesamte medizinische Versorgung der Menschen in Europa lag in den Händen der Klöster. Kranke wurden ausschließlich mit Kräutern und Heilpflanzen behandelt. Die Mönche forschten nicht nur und betätigten sich als Ärzte, sie legten auch Kräutergärten an. Die Bedeutung von Heilpflanzen muss auch Kaiser Karl dem Großen (747–814) bewusst gewesen sein. In seiner Verordnung „Capitulare de villis vel curtis imperialibus" schrieb er vor, dass Pfalzen, Klöster und Hofgüter bestimmte Obstbäume sowie Heil- und Gewürzpflanzen anzubauen hätten. Dazu zählten die Lauchgewächse Zwiebeln, Knoblauch, Schnittlauch, Porree – und Bärlauch.

Bärlauch contra Knoblauch?

Mit der römischen Kolonisation Germaniens war jedoch ein Verwandter des Bärlauchs über die Alpen gelangt: der Knoblauch, der im Mittelmeerraum schon seit 3000 v. Chr. als Heilpflanze bekannt war. Kam es zu einer Konkurrenz der beiden Allium-Gewächse und zu einer Verdrängung des einheimischen Bärlauchs

Die Klostergärten des Mittelalters bildeten die Grundlage der damaligen Medizin.

aus der Heilkunde? Der „Macer floridus“ aus dem 11. Jahrhundert beispielsweise, das in Europa verbreitetste Heilpflanzenbuch des Mittelalters, beschreibt zahlreiche Heilanwendungen des Knoblauchs, der Bärlauch wird nicht erwähnt. Er scheint wohl eher als Wildgemüse eine Rolle gespielt zu haben, während der Knoblauch in Gärten kultiviert und den Charakter einer Heilpflanze besessen habe, so Dr. Thomas Richter, Apotheker und Historiker für Pflanzenheilkunde.

SMART

Wichtige Meilensteine der Klostermedizin

- **Der Benediktinerorden** (gegr. 527) machte sich die Krankenpflege zur Aufgabe. Daher beschäftigten sich die Benediktiner mit dem Anbau und der Wirkung von Arzneipflanzen.
- **Ein weiteres** bedeutendes Zeugnis der mittelalterlichen Klostermedizin ist der „Hortulus“ des Abts Walahfrid Strabo (808–849), aus dem Kloster Reichenau auf der Bodenseeinsel Reichenau.
- **Der „Macer floridus“**, ein handschriftliches lateinisches Kräuterbuch aus dem 11. Jahrhundert, sollte das verbreitetste Heilpflanzenbuch des Mittelalters werden. Darin sind 80 Heilpflanzen und ihre Wirkung beschrieben.
- **Die Äbtissin Hildegard von Bingen** (1098-1179) führte in ihren heilkundlichen Schriften neue Pflanzen in die Klostermedizin ein. Modern ist ihr ganzheitliches Denken.

Gesund und fit mit Bärlauch

In den letzten Jahrzehnten des 20. Jahrhunderts begann man, die Heilwirkung des Bärlauchs wissenschaftlich zu untersuchen. Dabei entdeckte man zahlreiche therapeutische Anwendungsgebiete: von Arteriosklerose über Herzschutz bis zu Verdauungsproblemen.

Die Heilkräfte des Bärlauchs

Bärlauch wirkt allgemein belebend und stärkend auf den Organismus und wird in der Volksmedizin als Hausmittel u.a. bei Verdauungsstörungen und Hautausschlägen verwendet. Seine therapeutischen Wirkungen konnten aber auch ganz konkret durch verschiedene wissenschaftliche Studien nachgewiesen werden. Bärlauch wirkt vorbeugend, aber auch heilend bei Herz-Kreislauf-Erkrankungen. Gegen die gefürchtete Arteriosklerose (Gefäßverkalkung), die zu Herzinfarkt und Schlaganfall führen kann, kann man mit Bärlauch-Präparaten vorbeugen, da er die Einlagerung von oxidiertem Cholesterin an der Gefäßwand verhindert. Bärlauchverbindungen sind sogar in der Lage, bereits bestehende Einlagerungen langsam wieder aufzulösen. Zusätzlich geht vom Bärlauch eine blutdrucksenkende Wirkung aus. Bärlauch-Präparate verbessern die Fließeigenschaften

1

◂ **Bärlauch-Produkte** Im Vergleich zum längst etablierten Knoblauch ist der Markt für Gesundheitsprodukte mit Bärlauch noch überschaubar. Es gibt Bärlauch in Form von Press-Saft aus frischem Bärlauchkraut, Tabletten, Kapseln oder Frischblatt-Granulat in Apotheken und Reformhäusern sowie in manchen Naturkostläden zu kaufen. Durch Zusatz von Hagebuttenschalen zum Frischblatt-Granulat konnte man erreichen, dass die Wirksamkeit der Substanzen lange erhalten bleibt.

des Blutes und fördern damit die Durchblutung. Dadurch bessern sich beispielsweise Erkrankungen wie Schwindelanfälle und Ohrgeräusche (Tinnitus aurium). Die Verbesserung der Durchblutung führt außerdem dazu, dass Schmerzen verursachende Stoffwechselprodukte schneller abgebaut werden, was rheumatische Erkrankungen lindern kann.
Bärlauch normalisiert die Verdauung. Darüber hinaus konnte nachgewiesen werden, dass der Darmpilz *Candida albicans*, der die natürliche Darmflora aus dem Gleichgewicht bringt und zahlreiche Folgeerkrankungen verursacht, durch die Einnahme von Bärlauch-Präparaten vernichtet wurde.
Bärlauch wirkt entgiftend: Haben sich im Körper schädliche Schwermetalle wie Schwefel, Blei und Cadmium angesammelt, so lassen sich diese durch Bärlauch-Präparate deutlich reduzieren.

2

▲ **Inhaltsstoffe** Bärlauchblätter weisen eine sehr hohe Konzentration von Schwefelverbindungen auf. Schwefel ist wichtig für die Bekämpfung der freien Radikale im Körper.
Wie alle Lauchgewächse enthält Bärlauch das geruchlose Alliin, das ebenfalls Schwefel enthält. Beim Zerkleinern der Blätter wird es in das charakteristisch riechende ätherische Öl Allicin umgewandelt wird. Dieses hat antibiotische (Bakterien tötende) Eigenschaften.
Bärlauch enthält einen hohen Anteil des Mineralstoffs Eisen sowie der Spurenelemente Mangan und Magnesium. Mangan beispielsweise ist wichtig für die Bildung von Knorpeln und Knochen.
Der Stoffwechselaktivator Adenosin, der eine Vielzahl von Prozessen im Körper steuert, ist im Bärlauch in höherer Konzentration als im Knoblauch vorhanden. Senfölglykoside wirken verdauungsfördernd.

Bärlauch als Zaubertrank

Zur allgemeinen Stärkung des Organismus empfiehlt die Volksmedizin eine Bärlauch-Tinktur. Dafür etwa 100 g Bärlauchblätter klein schneiden und sofort zusammen mit 1 l 45 %igem Alkohol in ein verschließbares Gefäß geben. Das Ganze etwa zwei Wochen an einem warmen, sonnigen Platz stehen lassen. Die Tinktur anschließend filtern und in einer dunklen Flasche verschlossen aufbewahren. Davon täglich drei Mal zehn Tropfen vor dem Essen einnehmen.

Spezial

Feine Bärlauch-Rezepte

Basics für die Küche

Mit Bärlauch zu kochen ist unkompliziert, wenn man ein paar Grundsätze beachtet. An erster Stelle stehen Frische und Geschmack: Wie können die empfindlichen Blätter am schonendsten aufbewahrt und verarbeitet werden, damit ihr zart-lauchiges Aroma erhalten bleibt? Die besten Tipps dazu finden Sie hier.

Alle Teile des Bärlauchs können in der Küche verwertet werden: Blätter, Zwiebeln, Knospen, Blüten und grüne Samen. Die Zwiebeln werden wie die weißen Knollen der Frühlingszwiebeln verarbeitet. Knospen, Blüten und Samen eignen sich vor allem zum Dekorieren. Selbst die harten Blattstiele können gegessen werden, wenn man sie wie Zwiebeln hackt und andünstet. Die vielfältigsten Verwendungsmöglichkeiten bieten jedoch die Blätter.

Tiefgefrorenen Bärlauch verwendet man am besten gehackt, da er nach dem Auftauen etwas matschig wird.

Vorbereitung der Bärlauchblätter

„Möglichst frisch, möglichst schonend" sollte das Motto für die Verarbeitung der Blätter lauten. Ob Sie nun Bärlauch auf dem Markt kaufen, im Wald gesammelt oder im eigenen Garten geerntet haben: Die Blätter sollten idealerweise am gleichen Tag verwendet werden, denn sie welken sehr schnell. Selbstverständlich müssen sie gründlich unter fließendem Wasser abgespült werden. Es sollte höchstens lauwarm sein, denn durch heißes Wasser werden die empfindlichen Blätter schlaff.

Je nach Rezept werden die Bärlauchblätter dann zerkleinert: Man schneidet sie einfach mit einem scharfen Messer quer in Streifen. Soll der Bärlauch feiner gehackt werden, geht es am schnellsten, wenn man zunächst die Blätter längs halbiert und dann in feine Streifen schneidet. Wenn die Schnittflächen zu lange der Luft ausgesetzt werden, führt dies zu Oxidation und Geschmacksveränderungen – daher sollten die Blätter erst unmittelbar vor ihrer Verwendung klein geschnitten werden.

Bärlauch konservieren

Kann der Bärlauch nicht am selben Tag verarbeitet werden, lässt er sich ein bis zwei Tage im Kühlschrank aufbewahren. Am besten umwickelt man die Stiele mit feuchten Küchentüchern und legt den Bärlauch in einer gut verschlossenen Plastiktüte ins Gemüsefach. Über mehrere Monate haltbar machen kann man Bärlauch durch das Einlegen in Öl oder das Einfrieren. Das Trocknen empfiehlt sich nicht, da dadurch sehr viel Aroma verloren geht. Zur Haltbarmachung in Öl finden Sie Tipps und Rezepte auf den Seiten 56/57.

Um die Farbe des Bärlauchs besser zu erhalten, kann man ihn vor dem Einfrieren kurz blanchieren, also etwa 10 Sekunden in kochendes Wasser tauchen und danach in Eiswasser abschrecken.

Am besten schneidet man die Blätter vor dem Einfrieren klein, da sie nach dem Auftauen sowieso matschig sind und nicht mehr zum Dekorieren verwendet werden können. Die gehackten Blätter kann man in gut verschlossenen Tiefkühlbeuteln einfrieren – am besten schockgefrieren. Eine andere, sehr praktische Methode: Man gibt sie in Eiswürfelschalen, die mit Wasser aufgefüllt werden. Sobald die Kräuterwürfel gefroren sind, bewahrt man sie in Tiefkühlbeuteln auf. So kann man später ganz einfach kleine Mengen entnehmen.

Bärlauch *erst kurz vor seiner Verwendung kleinschneiden!*

SMART

Würzig kombiniert

- **Bärlauch** verträgt sich sehr gut mit Pfeffer und Muskat.
- **Wie Knoblauch** kann man ihn mit mediterranen Kräutern kombinieren, z.B. mit Oregano, Thymian und Basilikum. Rosmarin passt nicht so gut.
- **Der kräftige Geschmack** harmoniert auch mit Gewürzen der asiatischen Küche, z.B. mit Curry, Kurkuma oder Kreuzkümmel.

Haltbar gemacht: Öl & Pesto

Die Bärlauch-Saison ist Ihnen zu kurz, Sie bekommen auch noch im Sommer und Herbst Lust auf Bärlauch? Die Rezepte auf dieser Doppelseite helfen, den Genuss zu verlängern. Sie sind außerdem ideal, wenn Sie große Bärlauch-Ernten verarbeiten möchten. Der Vorteil der Konservierung in Öl: Das Aroma des Bärlauchs bleibt besser erhalten als beim Einfrieren oder Trocknen. Gleichzeitig können Öl und Pesto als Grundlage für viele Rezepte verwendet werden.

Pesto: eine ideale Grundlage für viele Rezepte.

Einfaches Bärlauch-Pesto

Für 6 bis 8 Portionen

- 4 Bund Bärlauchblätter
- 100 ml kalt gepresstes Olivenöl
- Salz

1 Die Bärlauchblätter waschen, gründlich trocken tupfen und sehr fein hacken.
2 Die Blätter mit Öl verrühren und mit etwas Salz abschmecken. Das Pesto in ein sauberes Glas mit Schraubverschluss füllen.
3 Das Pesto hält sich in der Speisekammer oder im Kühlschrank einige Monate, wenn die Blätter immer mit Öl bedeckt sind. Im Kühlschrank wird die oberste Ölschicht etwas fest, doch bei Zimmertemperatur wieder flüssig.

Bärlauchöl

Zutaten für 1 Flasche à 1 l

- etwa 25 Bärlauchblätter
- 1 l kalt gepresstes Olivenöl

1 Die Bärlauchblätter waschen, gründlich trocken tupfen. Die Stiele abschneiden und die Blätter quer in breite Streifen schneiden.
2 Die Blätter in eine saubere Flasche mit Schraubverschluss geben und mit dem Öl aufgießen. Das Öl an einem dunklen und kühlen Ort 4 bis 5 Wochen durchziehen lassen, dann die Bärlauchblätter herausnehmen.
3 Das Bärlauchöl an einem kühlen Ort wie der Speisekammer lagern. Es behält etwa 3 Monate sein volles Aroma. Man kann es auch in den Kühlschrank stellen.

SMART Tipp

› **Dieses Rezept** eignet sich, große Bärlauch-Ernten haltbar zu machen. Es ist vielseitig einsetzbar: Verfeinern Sie es z. B. zum Pesto alla genovese (siehe Rezept Seite 57), schmecken Sie damit Gemüse- oder Sahnesaucen ab, rühren Sie für einen gesunden Brotaufstrich einige Esslöffel unter einen Becher Magerquark oder marinieren Sie Grillfleisch damit – der Phantasie sind keine Grenzen gesetzt.

Dort wird es leicht trüb, doch gibt sich das bei Zimmertemperatur wieder. Bärlauchöl schmeckt köstlich auf geröstetem Weißbrot (Crostini).

Varianten

Auf die gleiche Weise kann man Bärlauchessig herstellen. Am besten verwendet man eine Essigsorte mit nur mildem Eigengeschmack, beispielsweise Weißweinessig. Der Essig passt besonders gut in eine Vinaigrette zu Blattsalaten.

Das Pesto alla genovese schmeckt nicht nur zu Nudelgerichten köstlich.

Bärlauch-Pesto „alla genovese“

Für 6 bis 8 Portionen

- 4 Bund Bärlauchblätter
- 80 g Pinienkerne
- 50 g Parmesan oder Pecorino, frisch gerieben
- 100 ml kalt gepresstes Olivenöl
- Salz

1 Die Bärlauchblätter waschen, gründlich trocken tupfen. Die Stiele abschneiden und die Blätter sehr fein hacken.

2 Pinienkerne und Bärlauch in einen Mörser geben und zerkleinern. Erst den Käse, dann nach und nach das Öl unterrühren und mit Salz abschmecken.

3 Das Pesto in ein sauberes Glas mit Schraubverschluss füllen.

4 Das Pesto hält sich in einem verschlossenen Gefäß 2 bis 3 Wochen im Kühlschrank.

5 Es passt als Sauce zu Nudeln und Gnocchi oder würzt eine Gemüsesuppe. Das Pesto sollten Sie nach dem Einfüllen noch mit einer Schicht Öl bedecken, damit es nicht verdirbt.

SMART **Tipp**

› **Achten Sie** bei der Herstellung von Öl und Pesto auf Sauberkeit: Die Blätter werden gründlich gewaschen und trocken getupft. Einmachgläser und Deckel werden zunächst gründlich gereinigt und dann möglichst heiß ausgespült. Die Gläser auf einem sauberen Küchenhandtuch abtropfen lassen.

Leckeres zum Brot

Ob mit Butter, Quark, Frischkäse oder anderen Milchprodukten hergestellt: Brotaufstriche mit Bärlauch sind rasch und unkompliziert zubereitet und bringen Abwechslung in die Küche. Frisches Vollkorn- oder Bauernbrot mit Bärlauchbutter oder -quark bestrichen, dazu Cocktailtomaten: fertig ist ein gesundes und schmackhaftes Abendessen. Auch viele warme Gerichte bekommen durch Bärlauch-Aufstriche einen besonderen Pfiff: Bärlauchbutter passt zu Grillfleisch, gegrilltem Gemüse oder Ofenkartoffeln, und Pellkartoffeln schmecken mit Bärlauchquark bärlauchig-frisch.

SMART Tipp

- **Die Bärlauchbutter** kann prima eingefroren werden.
- **Zum portionsweisen Einfrieren** von Kräuterbutter eignen sich Eiswürfelbehälter. Das ist besonders praktisch, wenn Sie jeweils nur kleine Portionen benötigen, z. B. zum Abschmecken von Gemüsegerichten oder als Beilage zu Grillfleisch.

Klassische Bärlauchbutter

Zutaten für 10 Portionen

- **25 g Bärlauchblätter**
- **250 g weiche Butter**
- **1 TL Zitronensaft**
- **Salz, Pfeffer aus der Mühle**

1 Die Bärlauchblätter waschen, gründlich trocken tupfen, die Stiele abschneiden und die Blätter sehr fein hacken.
2 Die Blätter mit der Butter verrühren und mit Zitronensaft, Salz und Pfeffer abschmecken.

Pikante Bärlauchbutter

Zutaten für 4 Portionen

- **7 EL gehackte Bärlauchblätter**
- **Salz, etwas Currypulver**
- **3 Knoblauchzehen**
- **Pfeffer aus der Mühle**
- **100 g weiche Butter**

1 Die Bärlauchblätter mit zwei Prisen Salz bestreuen, nochmals hacken oder wiegen und mit einer Gabel gut zerdrücken. Knoblauchzehen schälen und durch Knoblauchpresse drücken.
2 Bärlauch und Knoblauch mit Salz, Pfeffer und Curry verrühren und mit einer Gabel mit der weichen Butter gut vermengen. Die Bärlauchbutter im Kühlschrank fest werden lassen.

Bärlauch-Zaziki

Zutaten für 4 Portionen

- **250 g Quark (20 % F.i.Tr.)**
- **150 g Joghurt**
- **Salz, Pfeffer aus der Mühle**
- **1 Salatgurke**
- **½ Bund Bärlauchblätter, fein gehackt**
- **½ EL kalt gepresstes Olivenöl**

1 1 Quark mit Joghurt glatt rühren und mit Salz und Pfeffer abschmecken.
2 Die Salatgurke schälen, längs halbieren, Kerne herauskratzen und in dünne Scheiben schneiden.
3 1 Esslöffel Bärlauchblätter beiseite legen, den Rest zusammen mit den Gurkenscheiben unter das Zaziki heben. Das Zaziki mit Olivenöl und Bärlauchblättern bestreut servieren.

Bärlauch-Käse-Aufstrich

Zutaten für 4 Portionen
- 150 g Ziegenfrischkäse
- 150 g Vollmilchjoghurt
- 1 TL Zitronensaft
- Salz
- Pfeffer aus der Mühle
- 1 Hand voll Bärlauchblätter, fein gehackt

1 Den Ziegenfrischkäse mit dem Joghurt glatt rühren, dann mit Zitronensaft, Salz und Pfeffer abschmecken.
2 Zum Schluss die Bärlauchblätter unterheben.

Schnell und raffiniert: Ziegenkäse-Bällchen.

Bärlauchquark

Zutaten für 4 Portionen
- 150 g Speisequark (40 % Fett i. Tr.)
- 250 g Speisequark (20 % Fett i. Tr.)
- 100 g Vollmilchjoghurt
- ½ unbehandelte Limette
- Kräutersalz
- Pfeffer aus der Mühle
- 1 Hand voll Bärlauchblätter, fein gehackt

1 Die beiden Quarksorten mit dem Joghurt glatt rühren. Den Saft der Limette auspressen, etwas von der Schale fein abreiben.
2 Limettensaft und -schale, Kräutersalz und Pfeffer unter die Quarkmischung rühren. Zum Schluss die Bärlauchblätter unterheben.

Ziegenkäse-Bällchen

Zutaten für 4 Portionen
- 150 g Ziegenfrischkäse
- 4 EL Bärlauchblätter, fein gehackt
- evtl. Bärlauchblätter zum Garnieren

1 Aus dem Ziegenkäse kleine Bällchen formen. Den gehackten Bärlauch auf einen Teller streuen und die Bällchen rundherum darin wenden.
2 Die Blätter zum Garnieren waschen, trocken tupfen und die Stiele abschneiden. Einen Servierteller mit Bärlauchblättern auslegen, die Ziegenkäse-Bällchen darauf anrichten.

SMART Tipp
- Zusammen mit einem Tomatensalat und Vollkornbrot serviert sind die Käse-Bällchen ein schnelles und gesundes Abendessen.

Köstliche Suppen

Bärlauch-schaumsüppchen

Zutaten für 4 Portionen

- 1 Schalotte
- 2 EL Butter
- 1 große Kartoffel
- 500 ml Gemüsebrühe
- 3 EL trockener Weißwein
- 2 Scheiben altbackenes Weißbrot
- 80 g Bärlauchblätter
- Salz
- Pfeffer aus der Mühle
- 2 EL fein geschnittene Bärlauchblätter oder 4 Bärlauchblüten zum Dekorieren

1 Die Schalotte schälen und fein würfeln, in 1 Esslöffel Butter glasig dünsten. Die Kartoffel schälen, fein raspeln und dazugeben. Mit Brühe und Wein aufgießen und etwa 15 Minuten köcheln lassen.

SMART Tipp

› Die Suppe wird kräftiger im Geschmack, wenn Sie 50 g durchwachsenen, gewürfelten Speck zusammen mit der Schalotte andünsten.

2 Inzwischen die restliche Butter in einer Pfanne erhitzen. Das Weißbrot würfeln und darin goldbraun rösten, auf Küchenkrepp abtropfen lassen.

3 Die Bärlauchblätter waschen, trocken tupfen, die Stiele abschneiden, die Blätter grob hacken und in den Topf geben, unter Rühren kurz erwärmen. Die Suppe mit einem Pürierstab aufmixen und mit Salz und Pfeffer abschmecken. Mit den Croûtons und Bärlauchstreifen oder -blüten bestreut servieren.

Bärlauchsuppe

Zutaten für 4 Portionen

- 30–40 junge Bärlauchblätter
- 2 EL Distelöl oder Butter
- 3 EL Grünkern- oder Weizenmehl
- 1 l Gemüsebrühe
- Salz, Pfeffer aus der Mühle
- 2 EL Crème fraîche

1 Die Bärlauchblätter waschen, trocken tupfen, die Stiele abschneiden. Die Blätter fein hacken.

2 Das Öl oder die Butter in einem Suppentopf erhitzen und mit Mehl glatt rühren.

3 Mit Gemüsebrühe aufgießen und mit der Hälfte der Bärlauchblätter 3 Minuten köcheln. Restliche Bärlauchblätter zugeben und kurz weiterköcheln lassen.

4 Die Suppe mit Salz und Pfeffer abschmecken, mit einem Pürierstab pürieren und die Crème fraîche unterziehen. Die Suppe sofort servieren.

Bärlauch-Zwiebel-Suppe

Zutaten für 4 Portionen

- 250 g Bärlauchblätter und einige Bärlauchzwiebeln
- 4 Schalotten
- 40 g Butter
- 750 ml Gemüsebrühe
- 200 ml süße Sahne
- Salz, Pfeffer aus der Mühle
- 50 g Crème fraîche

1 Die Bärlauchblätter waschen und gut trocken tupfen, dann in feine Streifen schneiden. Die Bärlauchzwiebeln waschen und putzen. Die Schalotten schälen, Bärlauchzwiebeln und Schalotten fein würfeln.

2 Die Butter in einem Topf erhitzen, Zwiebeln und

Schnell zubereitet und variantenreich: Bärlauchsuppen.

Schalotten darin andünsten, mit der Brühe aufgießen und bei mittlerer Hitze etwa 8 Minuten köcheln lassen.

3 Die Bärlauchblätter zufügen, kurz erhitzen und mit dem Pürierstab pürieren. Die Sahne unterziehen, die Suppe mit Salz und Pfeffer abschmecken. Die Bärlauch-Zwiebel-Suppe auf Teller verteilen und mit je 1 Klecks Crème fraîche garniert servieren.

Variante

Ergänzen Sie die Suppe durch 80 g in Streifen geschnittenes Räucherforellen-Filet oder Bündner Fleisch. Die Crème fraîche können Sie dann weglassen.

SMART

Achtung

› Bitte graben Sie niemals Bärlauchzwiebeln im Wald aus, denn dies schädigt das Ökosystem. Verwenden Sie für dieses Rezept nur Zwiebeln aus dem eigenen Garten.

Raffinierte Vorspeisen

Endlich Frühling – in dieser Jahreszeit sehnt sich das Auge nach frischem Grün und der Körper nach gesunden Gerichten, die seine Lebensgeister wecken. Die Vorspeisen und Snacks auf den folgenden Seiten bieten wintermüden Menschen daher beides: Augenschmaus und Gaumenfreuden.

Dekorativ und lecker: die Bärlauchröllchen.

Neben Bärlauch haben jetzt auch viele andere Kräuter Saison. Es bietet sich also an, ein wenig zu experimentieren und Bärlauch zu kombinieren, beispielsweise mit Löwenzahn oder Gänseblümchen. Kurze Porträts einiger Frühlingskräuter finden Sie ab Seite 111.

Bärlauchröllchen mit Kräuter-Frischkäsecreme

Zutaten für 4 Portionen

- **10 Bärlauchblätter**
- **etwas Schnittlauch**
- **250 g Doppelrahm-Frischkäse**
- **Salz**
- **Pfeffer aus der Mühle**
- **etwa 45 Bärlauchblätter zum Einrollen**
- **einige Bärlauch-Blütenstängel zum Verzieren**

1 10 Bärlauchblätter und den Schnittlauch waschen, gut trocken tupfen und fein hacken. Mit dem Frischkäse zu einer homogenen Masse verrühren und mit Salz und Pfeffer abschmecken.

2 Die Bärlauchblätter zum Einrollen waschen, gut trocken tupfen und die Stiele abschneiden. Je 3 Blätter überlappend auf eine Arbeitsfläche legen, je 1 bis 2 Esslöffel des Kräuter-Frischkäses darauf geben und die Blätter zu Röllchen zusammenrollen oder zu Päckchen einschlagen.

3 Röllchen oder Päckchen mit Blütenstängeln verschließen, dafür die Löcher mit einem Zahnstocher vorstechen.

Variante

Raffiniert schmeckt auch eine Lachscreme als Füllung. Pürieren Sie dafür 100 g Räucherlachs. Das Lachspüree wird mit 100 g Doppelrahm-Frischkäse, 50 g Crème fraîche und 1 TL Zitronensaft verrührt. Dann 10 gehackte Bärlauchblätter unterheben und die Creme mit Salz und Pfeffer abschmecken.

SMART Tipp

- Eine köstliche Vorspeise und der Renner auf jedem Buffet! Die Kräuter-Frischkäsecreme ist im Kühlschrank 1 bis 2 Tage haltbar.

Frühlingskräuter

Kombinieren Sie doch einmal andere Kräuter, die jetzt Saison haben, mit Bärlauch. Wenn Sie diese in der Natur sammeln, gilt natürlich auch hier: Bitte ernten Sie nur Pflanzen, die Sie ganz genau kennen!

- **Gänseblümchen:** Man kann die Knospen, Blüten und Blätter verwerten.
- **Löwenzahn:** Die jungen Blättchen können vor oder während der Blüte geerntet werden. Milder als wild wachsender Löwenzahn schmeckt der kultivierte. Sie bekommen ihn im gut sortierten Gemüsehandel oder auf dem Wochenmarkt.
- **Brunnenkresse:** Das Kraut wächst an Fließgewässern, ist aber auch auf dem Markt erhältlich. Die Saison dauert von Februar bis April. Da Brunnenkresse sehr scharf schmeckt, sollte man sie vorsichtig dosieren.
- **Sauerampfer:** Er wächst auf feuchten Wiesen, kann aber auch im Garten angebaut werden. Die beste Erntezeit für die jungen Blätter ist im März/April vor der Blüte. Sauerampfer verdankt der Oxalsäure seinen typischen sauren Geschmack.

Der Frühlingssalat mit Bärlauch ist der ideale Auftakt für ein leichtes Menü.

Frühlingssalat mit Bärlauch

Zutaten für 4 Portionen

- 200 g junger Spinat
- 1 Kopfsalatherz
- 60 g helle Löwenzahnblätter
- 1 Bund Bärlauchblätter
- 2 mittelgroße Karotten
- einige Gänseblümchenblüten

Für das Dressing

- 4 EL Sherryessig
- 1–2 TL Dijonsenf
- Salz
- Pfeffer aus der Mühle
- 10 EL Traubenkernöl

1 Den Spinat gut waschen, verlesen, entstielen und trocken tupfen. Kopfsalat, Löwenzahn und Bärlauch waschen und trocken tupfen. Karotten putzen, schälen und in dünne Streifen schneiden.

2 Essig mit Senf, Salz und Pfeffer verrühren und das Öl unterrühren.

3 Kopfsalat, Löwenzahn, Spinat, Bärlauch- und Karottenstreifen dekorativ auf Tellern verteilen und mit der Vinaigrette beträufeln. Mit Gänseblümchen garnieren.

Schnelle Snacks

Avocado mit Bärlauch-Aioli

Zutaten für 4 Portionen

- 10 große oder 15 kleine Bärlauchblätter
- 4 EL Mayonnaise
- 4 EL Joghurt
- 2–3 EL Ketchup
- 2 Avocados
- Zitronensaft zum Beträufeln
- 8 Garnelen, geschält und entdarmt

1 Die Bärlauchblätter waschen, trocken tupfen und die Stiele abschneiden. Den Bärlauch sehr fein schneiden oder mit dem Pürierstab zerkleinern. Mit Mayonnaise, Joghurt und Ketchup zu einer homogenen Creme verrühren.
2 Die Avocados halbieren, die Steine entfernen, das Fruchtfleisch mit etwas Zitronensaft beträufeln. Die Aioli und die Garnelen auf die Avocadohälften verteilen.

SMART **Tipp**

› Die Aioli eignet sich auch als Cocktailsauce für Krabben- oder Geflügelsalat. Als Variante kann man noch Dillspitzen dazugeben.

Tomaten und Mozzarella mit Bärlauch-Pesto

Diese Variation des bekannten Insalata Caprese ist einfach und schnell gemacht und sieht sehr dekorativ aus.

Zutaten für 4 Portionen

- 10 bis 15 schöne Bärlauchblätter
- 6 Fleischtomaten
- 300 g Büffelmozzarella
- Bärlauch-Pesto „alla genovese“ (S. 57)
- 2 EL Pinienkerne
- 1 EL fein gehackte Bärlauchblätter

1 Die Bärlauchblätter waschen und trocken tupfen, die Stiele abschneiden. Die Blätter sternförmig auf eine Servierplatte oder einem großen Teller legen, so dass sie etwas über den Rand hinausragen.
2 Die Tomaten waschen und in gleich dicke Scheiben schneiden, dabei die grünen Stielansätze herausschneiden. Den Mozzarella abtropfen lassen und ebenfalls in gleich dicke Scheiben schneiden. Tomaten und Mozzarella dachziegelartig auf der Servierplatte anrichten. Das Bärlauch-Pesto mit einem Teelöffel darauf verteilen.
3 Die Pinienkerne in einer Pfanne ohne Fett kurz anrösten. Das Gericht mit Pinienkernen und gehackten Bärlauchblättern bestreut servieren.

Büffelmozzarella schmeckt etwas säuerlicher und aromatischer als der aus Kuhmilch hergestellte, ist allerdings auch weicher und lässt sich daher nur mit einem sehr scharfen Messer in schöne Scheiben schneiden.

Der Geschmack dieses Gerichtes hängt stark von der Qualität der Tomaten ab. Am besten schmeckt es daher im Sommer, wenn es reife Freilandtomaten aus der Region oder dem eigenen Garten gibt.

Avocado mit Bärlauch-Aioli: ein schneller, trotzdem raffinierter Snack.

Gemüse

Bärlauch mit seinem intensiven Geschmack eignet sich hervorragend für die Gemüseküche, da er viel Aroma liefert und das Essen mit ihm garantiert nicht fad wird. Er ist ein hervorragender Begleiter zu Sommergemüse wie Tomaten, Zucchini, Auberginen und Paprika. Um im Sommer Bärlauch vorrätig zu haben, empfiehlt es sich, im Frühjahr reichlich Pesto zuzubereiten. Aber auch das klassische Frühlingsgemüse Spargel verbindet sich mit Bärlauch zu einer aromatischen Geschmackskomposition, allerdings sollte der Bärlauch mit Fingerspitzengefühl eingesetzt werden, damit er nicht dominiert.

Gebratener grüner Spargel mit Bärlauch-Vinaigrette

- 2 Eier
- 750 g grüner Spargel
- 1 Schalotte
- 6 EL kalt gepresstes Olivenöl
- Salz
- Pfeffer aus der Mühle
- 2–3 EL Balsamico-Essig
- Zucker
- 2 EL Bärlauchblätter, fein gehackt

1 Die Eier in 10 Minuten hart kochen, dann kalt abschrecken und schälen.
2 Die Enden vom Spargel abschneiden und den Spargel im unteren Drittel schälen, dann die Stangen in etwa fingerlange Stücke schneiden. Die Schalotte schälen und fein würfeln.
3 2 Esslöffel Olivenöl in einer Pfanne erhitzen und die Spargelstücke darin unter Wenden bei mittlerer Hitze etwa 3 Minuten braten, dann herausnehmen und leicht mit Salz und Pfeffer würzen.
4 Im verbliebenen Öl die Schalottenwürfel glasig dünsten. Die Pfanne vom Herd nehmen, mit Balsamico ablöschen und das restliche Olivenöl darunter schlagen. Das Dressing mit Salz, Pfeffer und Zucker abschmecken.
5 Zum Schluss die Bärlauchblätter unter das Dressing heben. Den Spargel mit dem Dressing mischen, auf Tellern anrichten. Die Eier fein hacken und darüber streuen.

SMART Tipps

- **Reichen Sie** als Beilage junge, in der Schale gekochte Kartoffeln.
- **Es müssen** nicht immer Sauce Hollandaise oder zerlassene Butter zum Spargel sein! Die Bärlauch-Vinaigrette ist eine kalorienärmere und gesunde Alternative.

Bärlauchgemüse Indische Art

Zutaten für 4 Portionen

- 500 g Bärlauchblätter
- 2 Zwiebeln
- 1 Stück frische Ingwerknolle, etwa 3 cm lang
- 1 Knoblauchzehe
- 2 EL Butterschmalz
- 1 Msp. Chilipulver
- ½ TL gemahlener Kreuzkümmel (Cumin)
- ½ TL gemahlener Kurkuma (Gelbwurz)
- ½ TL gemahlener Koriander
- 200 ml süße Sahne
- Salz

1 Den Bärlauch waschen und trocken tupfen, die Stiele abschneiden. Die Zwiebeln schälen und in dünne Ringe schneiden.

Die ideale Vermählung zweier Frühlingsgenüsse: Grüner Spargel mit Bärlauch-Vinaigrette.

Ingwer und Knoblauch schälen und sehr fein hacken.

2 Das Butterschmalz erhitzen und die Gewürze bei starker Hitze kurz anrösten. Zwiebeln, Knoblauch und Ingwer zugeben und bei mittlerer Hitze weich dünsten.

3 Den Bärlauch portionsweise zufügen und unter vorsichtigem Rühren kurz zusammenfallen lassen (wie Spinat). Bärlauch verliert beim Garen an Aroma, daher sollte er nur möglichst kurz erhitzt werden. Anschließend die Sahne zugießen, kurz aufkochen lassen, eventuell mit Salz abschmecken und sofort servieren.

SMART Tipps

- Das Gemüse schmeckt zu Basmati-Reis oder Kartoffeln.
- Liebhaber der Vollwert-Küche sollten dazu auch einmal Naturreis oder Getreidebratlinge probieren.

Kartoffelgerichte

Bärlauch passt zu eigentlich allem – sagen eingeschworene Bärlauch-Liebhaber. Das würden wir nicht behaupten, aber er lässt sich durchaus mit vielem kombinieren: Lassen Sie sich von unseren Vorschlägen für Hauptgerichte mit Kartoffeln, Nudeln, Reis, Getreide, Fleisch und Fisch überzeugen!

Bärlauch-Kartoffel-Gratin

Zutaten für 4 Portionen

- 750 g fest kochende Kartoffeln
- Salz
- 100 g Bärlauch
- 200 g frischer Blattspinat
- 2 Schalotten
- 40 g Butter
- Pfeffer aus der Mühle
- Muskatnuss, frisch gerieben
- 1 Eigelb
- 250 ml süße Sahne
- 50 g Grano Padano oder Bergkäse, frisch gerieben

1 Die Kartoffeln bürsten und als Pellkartoffeln in Salzwasser 20 bis 25 Minuten garen. Abkühlen lassen, schälen und in Scheiben schneiden.

2 Den Bärlauch und den Spinat entstielen, waschen und trocken tupfen, den Bärlauch in 5 mm breite Streifen schneiden. Die Schalotten schälen und fein würfeln.

3 30 g Butter in einer Pfanne zerlassen. Die Schalotten darin andünsten, ohne sie zu bräunen. Spinat und Bärlauch zufügen und ganz kurz unter Rühren zusammenfallen lassen, mit Salz, Pfeffer und Muskat würzen.

4 Eigelb und Sahne miteinander verquirlen und mit dem Gemüse mischen.

5 Eine Auflaufform mit der restlichen Butter fetten, Kartoffelscheiben dachziegelartig hineinlegen und die Gemüsemischung darauf verteilen. Mit dem Käse bestreuen. Das Gratin im vorgeheizten Backofen bei 200 °C etwa 15 Minuten überbacken.

Bärlauch-Gnocchi mit Tomaten

Zutaten für 4 Portionen

Für die Gnocchi

- 1 Pk. Kartoffelklöße halb und halb
- 50 g Bärlauchblätter
- 25 g Mehl und etwas Mehl für die Arbeitsfläche
- Salz
- Muskatnuss, frisch gerieben
- Pfeffer aus der Mühle

Für die Sauce

- 400 g Kirschtomaten
- 2 Schalotten
- 2 EL Rapsöl
- 30 g Kapern
- 50 g Butter

1 Das Kloßmehl nach Packungsanleitung mit Wasser anrühren und ausquellen lassen. Inzwischen Bärlauch waschen, trocken tupfen und bis auf 1 Blatt klein schneiden. Mehl, Bärlauch, Salz, Muskatnuss und Pfeffer unter den Kloßteig kneten.

2 Den Kartoffelteig auf bemehlter Arbeitsfläche zu langen, etwa 2 cm dicken Rollen formen, davon etwa 1,5 cm dicke Scheiben abschneiden und mit einer bemehlten Gabel das typische Gnocchimuster hineindrücken. Die Gnocchi in reichlich kochendes Salzwasser geben und 5 Minuten bei schwacher Hitze ziehen lassen.

Schnell zubereitet sind diese raffinierten Bärlauch-Gnocchi.

3 Die Tomaten waschen und vierteln. Die Schalotten schälen, fein hacken und im Öl glasig dünsten. Die Tomaten zufügen und etwa 5 Minuten schmoren, mit Salz und Pfeffer abschmecken. Die Kapern trocken tupfen. Das Bärlauchblatt in Streifen schneiden.

4 Die Butter in einer Pfanne erhitzen, die Kapern zufügen und darin erwärmen. Die Gnocchi abgießen, gut abtropfen lassen und in der Pfanne 5 Minuten braten. Die Gnocchi zusammen mit den Tomaten und den Bärlauchstreifen servieren.

Variante

Sehr gut schmecken die Gnocchi auch mit einer Gorgonzola-Sahne-Sauce. Dafür 150 g Gorgonzola in Stücke schneiden, 150 g süße Sahne in einem Topf erhitzen. Gorgonzola und 150 g Crème fraîche dazugeben und unter Rühren schmelzen lassen. Die Sauce mit Salz und Pfeffer abschmecken und bei geringer Hitze etwas einkochen lassen, dabei ständig rühren.

Pasta

Nudeln lassen sich ideal mit Bärlauch kombinieren, da sie nur wenig Eigengeschmack haben und daher einen kräftigen Begleiter vertragen. Bärlauch passt sowohl zu Käse-Sahne- als auch zu Gemüsesaucen. Experimentieren Sie einfach, indem Sie Ihre Lieblingssaucen abwandeln. Auch hier gilt: Den Bärlauch erst kurz vor Ende der Garzeit unterheben, um sein Aroma zu erhalten. Und wenn Sie intensiven Bärlauchgeschmack schätzen, bestreuen Sie das Gericht vor dem Servieren noch zusätzlich mit frischem Bärlauch.

Farfalle mit Bärlauch-Vinaigrette sind ein idealer Party-Salat.

Farfalle mit Bärlauch-Vinaigrette

Zutaten für 4 Portionen

- 250 g Farfalle (Schmetterlingsnudeln)
- 200 g Kirschtomaten
- einige schwarze Oliven

Für die Sauce

- 40 g Bärlauchblätter
- 3 EL Balsamico-Essig
- 8 EL Oliven- oder ein anderes Pflanzenöl
- 1 EL Mayonnaise
- 1 EL Joghurt
- 1 EL Tomatenketchup
- Salz oder Kräutersalz
- Pfeffer aus der Mühle

1 Die Farfalle weich kochen, abgießen und mit kaltem Wasser abschrecken, abkühlen lassen.

2 Die Kirschtomaten waschen und halbieren.

3 Bärlauchblätter waschen, trocken tupfen, die Stiele abschneiden, die Blätter klein hacken und mit den anderen Zutaten für die Sauce gut verrühren.

4 Die abgekühlten Farfalle gut mit der Sauce mischen und mit den Kirschtomaten und den schwarzen Oliven garnieren. Den Salat einige Stunden im Kühlschrank durchziehen lassen.

Zucchini-Bärlauch-Nudeln

Zutaten für 4 Portionen

- 1 Bund Bärlauch
- Salz
- 500 g Penne
- 1 EL kalt gepresstes Olivenöl
- 1 Schalotte, fein gewürfelt
- 125 g durchwachsener Speck, fein gewürfelt
- 1 rote Paprikaschote, fein gewürfelt
- 500 g kleine Zucchini, in 1 cm dicken Scheiben
- 125 g süße Sahne
- 125 g Crème fraîche
- Pfeffer aus der Mühle
- 100 g Parmesan oder Grana padano, frisch gerieben

1 Den Bärlauch waschen und trocken tupfen, die Stiele abschneiden und die Blätter in Streifen schneiden.
2 Reichlich Salzwasser in einem großen Topf aufkochen. Die Penne darin nach Packungsanleitung bissfest garen. Inzwischen das Öl in einer großen Pfanne erhitzen und Schalotten- und Speckwürfel darin etwa 3 Minuten dünsten.
3 Paprikawürfel und Zucchinischeiben dazugeben und kurz andünsten, dann Sahne und Crème fraîche zufügen. Alles etwa weitere 5 Minuten garen. Die Sauce mit Salz und Pfeffer abschmecken und die Bärlauchblätter unterheben. Die Penne abgießen, abtropfen lassen und zusammen mit der Gemüsesauce servieren. Den geriebenen Käse dazu reichen.

Gemüse-Spaghettini sind ein schnelles, raffiniertes Frühlingsgericht.

Gemüse-Spaghettini mit Bärlauch-Pesto

Zutaten für 4 Portionen

- 3 Karotten
- 4 mittelgroße Zucchini
- 2 Tomaten
- 4 EL Pinienkerne
- Salz
- 500 g Spaghettini
- 1 EL Olivenöl
- Pfeffer aus der Mühle
- 4–6 EL einfaches Bärlauchpesto (Rezept S. 56)
- 80 g Parmesan, frisch gehobelt

1 Karotten und Zucchini putzen, waschen und mit einem Sparschäler in lange Streifen schneiden.
2 Tomaten am Stielansatz kreuzweise einschneiden, mit kochendem Wasser überbrühen, enthäuten, entkernen und das Fruchtfleisch würfeln.
3 Die Pinienkerne in einer Pfanne ohne Fett rösten.
4 Wasser in einem großen Topf aufkochen, Salz und Spaghettini hinzufügen und nach Packungsanweisung bissfest garen.
5 Inzwischen die Gemüsestreifen in einer Pfanne im Olivenöl bei mittlerer Hitze bissfest garen, leicht mit Salz und Pfeffer würzen.
6 Die Nudeln abgießen, abtropfen lassen und sofort in einer großen Schüssel mit den Gemüsestreifen, den Tomatenwürfeln und dem Bärlauchpesto mischen.
7 Das Gericht auf Tellern anrichten, mit den Pinienkernen bestreuen und den Parmesan dazu reichen.

Eiernudeln

Ob auf schwäbische oder italienische Art: Selbst hergestellte Eiernudeln schmecken einfach unübertroffen lecker – und bekommen durch Bärlauch besonderen Pfiff.

Ravioli mit Bärlauchfüllung

Zutaten für 4 Portionen

Für den Teig

- 300 g Mehl, 3 Eier
- 1 Prise Salz, 3 EL Öl
- Mehl zum Ausrollen
- 1 EL Milch und 1 Eigelb
- Olivenöl für das Kochwasser

Für die Füllung

- 200 g Ricotta
- 50–60 g Bärlauchblätter, fein gehackt
- 50 g Parmesan, frisch gerieben
- 2 EL Semmelbrösel
- Salz, Pfeffer aus der Mühle
- Muskatnuss, frisch gerieben

1 Aus Mehl, Eiern, Salz und Öl einen geschmeidigen Teig kneten, abgedeckt 1 Stunde ruhen lassen.
2 Für die Füllung Ricotta zerbröseln. Mit Bärlauch, Parmesan und Semmelbröseln mit einer Gabel gut vermengen, mit Salz, Pfeffer und Muskat abschmecken.
3 Den Teig nochmals durchkneten, auf einem bemehlten Backbrett hauchdünn ausrollen. Mit einem Backrädchen in Quadrate von etwa 5 cm Seitenlänge schneiden oder mit einem Glas Kreise von etwa 5 cm Durchmesser ausstechen.
4 Milch und Eigelb verquirlen, die Teigränder damit bestreichen, je ein Häufchen der Füllung darauf setzen und Teigränder gut zusammendrücken.
5 Reichlich Salzwasser mit etwas Öl aufkochen und die Ravioli 3 bis 5 Minuten darin garen. Wenn sie an die Oberfläche aufsteigen, mit dem Schaumlöffel herausheben und warm stellen.

SMART Tipp

› Dazu schmeckt eine Weißwein-Sahne-Sauce oder einfach zerlassene Butter.

Käsespätzle mit Bärlauch

Zutaten für 4 Portionen

- 8 Eier
- 100 ml Mineralwasser
- 500 g Mehl
- Salz
- Muskatnuss, frisch gerieben
- 2 Zwiebeln, in Ringe geschnitten
- 40 g Butter
- 200 g Allgäuer Bergkäse, gerieben
- 80 g Bärlauch, in Streifen geschnitten
- Pfeffer aus der Mühle

1 Eier mit Mineralwasser verquirlen, nach und nach das Mehl dazusieben. Den Teig mit einem Kochlöffel so lange rühren, bis er Blasen wirft. Mit Salz und Muskat würzen.
2 Reichlich Salzwasser in einem großen Topf aufkochen. Ein Spätzlebrett und ein Messer in Wasser tauchen, eine Portion Teig auf das Brett streichen und in feinen Streifen in das Wasser schaben.
3 Die Spätzle sind gar, wenn sie oben schwimmen. Mit einer Schaumkelle

Ravioli selbst *zu machen ist gar nicht so kompliziert.*

herausnehmen, abtropfen lassen und abschrecken.

4 Die in Ringe geschnittenen Zwiebeln in Butter in einer großen Pfanne dünsten. Die Spätzle unter Wenden kurz mitschwenken. Ein Drittel des Käses und des Bärlauchs unter die Spätzle mischen, mit Salz, frisch geriebenem Muskat und Pfeffer würzen.

5 Die Spätzle in eine ofenfeste Form geben, mit dem übrig gebliebenen Käse bestreuen und im vorgeheizten Backofen bei 200 °C etwa 5 Minuten überbacken. Mit dem restlichen Bärlauch bestreut servieren.

Polenta und Risotto

Polenta und Risotto sind klassische Spezialitäten der norditalienischen Küche. Polenta besteht aus Maisgrieß, der mit Wasser zu einem dicken Brei gekocht wird. Beiden Gerichten gemeinsam ist, dass sie Aufmerksamkeit und Zeit bei der Zubereitung verlangen, denn beim Kochen von Maisgrieß oder Reis muss man neben dem Herd stehen und ständig rühren. Wobei sich die Garzeit von Polenta stark verkürzt, wenn man schnell kochenden Grieß verwendet. Der würzige Bärlauch, frisch oder als Pesto, lässt sich für viele Polenta- und Risottorezepte verwenden.

SMART Tipps

- **Dazu schmeckt** ein gemischter bunter Salat.
- **Sie können** die Polenta nach dem Kochen auch einfach wie einen Kuchenteig auf ein gefettetes Backblech streichen und belegen. Das Gericht sieht dann zwar nicht ganz so dekorativ aus, ist aber schneller fertig.

Pikante Polentataler

Zutaten für 4 Portionen

- 150 g getrocknete Tomaten
- 1 l Milch
- 60 g Butter
- Salz
- Muskatnuss, frisch gerieben
- 250 g schnell kochender Polentagrieß
- 4 Eigelbe
- Fett für das Backblech
- 250 g Halloumi
- Bärlauch-Pesto alla genovese (Rezept S.57) nach Geschmack

1 Die Tomaten in lauwarmem Wasser einweichen. Milch mit Butter, etwas Salz und Muskat aufkochen. Den Polentagrieß nach und nach unter Rühren einstreuen. Aufkochen und unter Rühren etwa 5 Minuten ausquellen lassen, bis ein dicker Brei entstanden ist, der sich leicht vom Topfboden löst.

2 Den Brei etwas abkühlen lassen, dann die Eigelbe unterrühren. Den Brei zwischen Frischhaltefolie etwa 1 cm dick ausrollen und 5 Minuten kalt stellen.

3 Die obere Folie abziehen und aus der Polenta Kreise von etwa 5 cm Durchmesser ausstechen. Den Backofengrill vorheizen.

Ein dekoratives Gästeessen: *Polentataler*

4 Die Polentataler auf ein gefettetes Backblech legen. Den Halloumi in etwa 1 cm dicke Scheiben, dann in Rechtecke schneiden. Die Tomaten in einem Sieb ausdrücken und in kleine Stücke schneiden. Beides auf den Polentatalern verteilen, jeweils einen Klacks Bärlauch-Pesto darauf geben und unter dem Grill etwa 5 Minuten überbacken.

Grüner Risotto

Zutaten für 4 Portionen

- 2 Schalotten
- 250 g kleine Zucchini
- 50 g Speck
- 1 EL Olivenöl
- 1 EL Butter
- 400 g Risotto-Reis
- 50 ml trockener Weißwein

- 500 ml heiße Fleischbrühe
- 100 g Bärlauchblätter
- Salz, Pfeffer aus der Mühle
- 50 g Parmesan, frisch gerieben
- 40 g Butter in Flöckchen

1 Schalotten schälen und fein würfeln, Zucchini waschen, putzen und in dünne Scheiben schneiden, den Speck fein würfeln.
2 Öl und Butter in einer großen Pfanne erhitzen und Schalotten mit Speck darin andünsten, bis die Schalotten etwas Farbe angenommen haben. Die Zucchini andünsten und den Reis zufügen.
3 Reis andünsten, bis die Körnchen gleichmäßig mit Fett überzogen sind. Den Weißwein zufügen, dann schöpfkellenweise unter Rühren die Brühe angießen. Den Reis in etwa 20 Minuten unter ständigem Rühren bissfest garen.
4 Inzwischen den Bärlauch waschen, trocken tupfen, die Stiele abschneiden und die Blätter in etwa 1 cm breite Streifen schneiden. Wenn der Reis gar ist, den Bärlauch unterziehen und den Risotto mit Salz und Pfeffer abschmecken.
5 Zum Schluss Parmesan und Butter unterziehen.

Risotto bekommt durch Bärlauch eine köstliche Würze.

SMART

So gelingt Risotto

› Verwenden Sie für die Zubereitung speziellen Risotto-Reis, z.B. die Sorten Vialone, Arborio oder Carnaroli. Der Reis soll unter ständigem Rühren langsam ausquellen, er darf also keinesfalls sprudelnd kochen. Neue Flüssigkeit wird erst dann zugegeben, wenn die vorhandene vom Reis aufgesogen ist. Der Risotto ist perfekt, wenn die Reiskörner innen noch bissfest sind und der Risottobrei eine cremige Konsistenz hat, so dass er an einem Holzlöffel kleben bleibt.

Knödel und Klöße

Für die Zubereitung dieser kugelrunden Köstlichkeiten braucht man etwas Erfahrung, denn die Konsistenz des Teiges kann immer etwas anders ausfallen. Daher empfiehlt es sich, zunächst einen kleinen Probeknödel zu kochen. Zerfällt er, gibt man noch etwas Mehl oder Grieß zum Teig. Ist er zu hart, fügt man ein wenig heiße Milch zu.

Wildkräuterknödel

Zutaten für 4 Portionen

- 60 g Schinkenspeck, fein gewürfelt
- 10 g Butter
- 250 g junge Wildkräuter (z. B. Löwenzahn, Brennnessel, Taubnessel, Knoblauchsrauke, Spitzwegerich, Gundelrebe, Gänseblümchen, Hirtentäschel, Giersch, Sauerampfer, Malve), fein gehackt
- 20 Bärlauchblätter, fein gehackt
- 125 ml Gemüsebrühe
- 5 altbackene Brötchen
- 3 Eier
- 125 ml Milch
- Salz
- Pfeffer aus der Mühle
- Muskatnuss, frisch gerieben
- 70 g Parmesan, fein gerieben
- etwas Oregano und Liebstöckel
- Semmelbrösel nach Bedarf
- 50 g zerlassene Butter
- 50 g Parmesan, gehobelt

1 Den Schinkenspeck in der Butter kurz anbraten. Bärlauch und Wildkräuter zufügen, mit Brühe ablöschen und etwa 2 Minuten garen.

2 Die Brötchen klein schneiden, die Eier verquirlen. Brötchen in Milch und Eiern einweichen, dann gut ausdrücken, mit Salz, Pfeffer und Muskat würzen.

3 Die Kräutermischung in einem Sieb ausdrücken. Brötchen mit Kräutermischung, geriebenem Parmesan, Oregano und Liebstöckel zu einem festen Knödelteig verkneten. Sollte der Teig zu weich sein, Semmelbrösel einarbeiten.

4 Mit nassen Händen aus dem Teig Knödel formen und in siedendem Salzwasser 8 bis 10 Minuten garen. Wenn die Knödel oben schwimmen, mit einem Schaumlöffel herausheben. Mit zerlassener Butter und Parmesan servieren.

Bärlauch-Schinken-Klöße

Zutaten für 4 Portionen

- 500 g mehlig kochende Kartoffeln
- 150 g Mehl
- 50 g Weizengrieß
- 2 Eigelb
- 200 g Bärlauch, grob gehackt
- 200 g gekochter Schinken, fein gewürfelt
- 50 g zerlassene Butter
- Salz, Pfeffer aus der Mühle
- Muskatnuss, frisch gerieben

1 Die Kartoffeln kochen, schälen und durch die Kartoffelpresse drücken. Mehl, Grieß, Eigelb, Bärlauch, Schinken und Butter mischen, mit Salz, Pfeffer und Muskat würzen und zu einer gleichmäßigen Masse verrühren. Den Teig etwa 15 Minuten ruhen lassen.

2 Mit feuchten Händen aus dem Teig Knödel von etwa 5 cm Durchmesser formen. In siedendem Salzwasser etwa 15 Minuten gar ziehen lassen. Die Klöße sind gar, wenn sie oben schwimmen.

Selbst gesammelte Kräuter *machen diese Knödel zu einem ganz individuellen Gericht.*

Fleischgerichte

Gerichte mit Fleisch und Geflügel präsentieren wir Ihnen auf dieser und der folgenden Doppelseite. Da diese Zutaten einen kräftigen Eigengeschmack haben, kann der Bärlauch hier als intensive Würze eingesetzt werden. Besonders raffiniert sind gefüllte Fleischgerichte, die im Ofen oder in der Pfanne zubereitet werden können. Eine Kräuterfüllung mit Bärlauch passt sowohl zum kräftigen Lamm- und Rindfleisch als auch zum zarten Kalbfleisch und zu Geflügel. Da der Bärlauch in das Fleisch eingehüllt ist, kommt er außerdem nur indirekt mit der Hitze in Kontakt und bewahrt so besser sein Aroma.

SMART Tipp

› **Die Kräuterpaste** aus diesem Rezept können Sie auch verwenden, um Fleisch zu überbacken, beispielsweise Lammkoteletts oder Rindersteaks. Damit sie fester wird, geben Sie noch 3 Scheiben entrindetes, zerbröseltes Toastbrot hinzu. Das Fleisch von beiden Seiten in der Pfanne anbraten. Dann mit der Kräuterpaste bestreichen und im Backofen bei 150 °C etwa 15 Minuten garen.

Gefüllte Lammkeule

Zutaten für 4 Portionen

- 1 Lammkeule à ca. 2 kg (vom Metzger entbeint)
- Salz, Pfeffer aus der Mühle
- 1 großes Bund Bärlauch
- 1 Bund glatte Petersilie
- 6 Zweige Thymian
- Schale von ½ unbehandelten Zitrone
- 8 EL Olivenöl
- 500 g gemischtes Gemüse (Karotten, Sellerie, Lauch)
- 1 kg Kartoffeln
- 1 l Lammfond

1 Die Lammkeule innen und außen mit Salz und Pfeffer einreiben.

2 Die Kräuter waschen und trocken tupfen, Stiele vom Bärlauch entfernen, die Petersilien- und Thymianblättchen abzupfen. Kräuterblätter zusammen mit der Zitronenschale in einen Mixer geben, 5 Esslöffel Olivenöl zugeben und zusammen mit etwas Salz und Pfeffer pürieren.

3 Die Kräuterpaste auf die Innenseite der Lammkeule streichen, die Keule zuklappen und mit Küchengarn zubinden.

4 Das Gemüse und die Kartoffeln waschen, putzen und in Stücke schneiden.

5 Den Backofen auf 170 °C vorheizen. Das restliche Öl in einem Bräter erhitzen und die Lammkeule rundherum darin anbraten. Das Gemüse und die Kartoffeln zugeben und kurz anbraten. Mit Lammfond ablöschen und im vorgeheizten Backofen auf der 2. Einschubleiste von unten etwa 1 Stunde braten. Jede Viertelstunde mit Lammfond begießen.

6 Die Keule herausnehmen, in Alufolie einwickeln und etwa 10 Minuten ruhen lassen. Die Lammkeule zusammen mit den Beilagen servieren.

Varianten

Dieses Rezept lässt sich auch mit anderen Fleischsorten zubereiten. Sie können beispielsweise eine Kalbsbrust mit der Kräuterpaste füllen.

Bärlauchrouladen

Für Bärlauchrouladen wird Hackfleisch im „grünen Kleid“ geschmort.

Zutaten für 4 Portionen

- 12–18 große Bärlauchblätter
- ½ Bund Petersilie
- 1 Tomate
- etwas Öl zum Anbraten
- 400 g gemischtes Hackfleisch
- Salz, Pfeffer aus der Mühle
- 500 ml Gemüsebrühe
- 2 altbackene Brötchen
- etwa 80 ml Milch
- 1 Ei

1 Die Bärlauchblätter waschen, trocken tupfen, die Stiele abschneiden. Die Blätter beiseite legen, die Stiele hacken. Die Petersilie waschen und trocken tupfen, die Blättchen abzupfen und fein hacken. Die Tomate waschen, vom grünen Stielansatz befreien und fein würfeln.

2 Das Öl in einer Pfanne erhitzen, die Bärlauchstiele anbraten, Hackfleisch und Petersilie zugeben, salzen, pfeffern und etwa 3 Minuten braten. Die Hackfleischmischung aus der Pfanne herausnehmen.

3 Die Tomatenwürfel und die Gemüsebrühe in die Pfanne geben, aufkochen und die Flüssigkeit etwas einkochen lassen, dann beiseite stellen.

4 Die Brötchen klein schneiden, in der Milch einweichen, anschließend in einem Sieb gut ausdrücken. Die Hackfleischmischung mit den Brötchen und dem Ei gründlich verkneten.

5 Jeweils 3–4 Bärlauchblätter einander überlappend auf eine Arbeitsplatte legen, mit etwas Fleischteig füllen und zusammenrollen. Die Seiten dabei päckchenartig einschlagen und die Röllchen mit Zahnstochern oder Küchengarn zusammenhalten.

6 Die Röllchen in einer Pfanne in etwas Öl rundherum kurz anbraten. Die Sauce dazugeben und bei geschlossenem Deckel etwa 10 Minuten weiterschmoren.

Beilagen

Dazu passen junge Kartoffeln oder Naturreis.

Geflügel

Poulardenbrust mit Spinat-Bärlauch-Füllung

Zutaten für 4 Portionen

- 2 Schalotten
- 1 Knoblauchzehe
- 100 g junger Spinat
- 100 g Bärlauch
- 1 EL Olivenöl
- 2 EL Parmesan, fein gerieben
- Salz
- Pfeffer aus der Mühle
- Muskatnuss, frisch gerieben
- 4 Poulardenbrüste mit Haut
- 2 EL Butterschmalz

1 Schalotten und Knoblauch schälen und fein hacken. Den Spinat waschen und abtropfen lassen. Den Bärlauch waschen, trocken tupfen, Stiele abschneiden und Blätter grob hacken.

2 Schalottenwürfel im heißen Olivenöl andünsten, die Knoblauchzehe kurz mitdünsten. Spinat dazugeben und andünsten bis er zusammenfällt, dann die Bärlauchblätter zugeben und nur kurz mitdünsten.

3 Die Gemüsemischung aus der Pfanne nehmen und in einem Sieb ausdrücken, den Parmesan unterheben und alles mit Salz, Pfeffer und Muskat würzen.

4 Die Poulardenbrüstchen mit einem scharfen Messer der Länge nach vorsichtig aufschneiden. Die Innenseiten mit etwas Salz und Pfeffer würzen. Die Gemüsefüllung hineingeben, die Brüste zuklappen und mit Zahnstochern verschließen. Das Fleisch von außen mit Salz und Pfeffer würzen.

5 Die Poulardenbrüste mit der Hautseite nach unten im Butterschmalz bei starker Hitze anbraten. Dann wenden und kurz von der Fleischseite anbraten. Die Pfanne vom Herd ziehen und das Fleisch mit Butterschmalz übergießen. Die Poulardenbrüste im vorgeheizten Backofen bei 120 °C in 10–15 Minuten fertig garen.

SMART Tipp

› Als Beilage zur Poulardenbrust passen Spinat und Stampfkartoffeln.

Putenröllchen mit Bärlauch und Schinken

Zutaten für 4 Portionen

- 500 g Putenbrust (vom Metzger in 10 Schnitzel geschnitten)
- etwas Mehl
- 100 g hauchdünn geschnittener luftgetrockneter Schinken
- 10 Bärlauchblätter und 4 EL fein gehackter Bärlauch
- 2 EL Butterschmalz
- 125 ml Gemüsebrühe
- 1 TL Speisestärke
- 125 g Crème fraîche
- Salz
- Pfeffer aus der Mühle

1 Die Putenschnitzel jeweils zwischen zwei Lagen Küchenfolie legen und sehr dünn flach klopfen. Schnitzel auf einer Seite in Mehl wenden.

2 Die unbemehlte Seite der Schnitzel mit Schinken und Bärlauchblättern belegen, zu Röllchen zusammenrollen und mit Zahnstochern zusammenstecken.

3 Das Butterschmalz in einer großen Pfanne erhit-

zen und die Röllchen darin von allen Seiten braun braten. Die Gemüsebrühe angießen und das Fleisch zugedeckt etwa 15 Minuten garen.

4 Die Putenröllchen herausnehmen, den Bratfond mit Speisestärke binden, die Crème fraîche unterrühren, den gehackten Bärlauch unterheben und die Sauce mit Salz und Pfeffer würzen. Die Putenröllchen mit der Sauce servieren.

5 Dazu passen Bandnudeln und Möhrengemüse oder ein gemischter Salat und Baguette.

Raffiniert gefüllt: Putenschnitzel mit Bärlauch und Schinken.

SMART Tipp

- **Sie können** das Fleisch auch ohne Sauce zubereiten und kalt zu einem Salat reichen.
Die Röllchen in Scheiben schneiden und auf dem Salat anrichten.

Minze – Vielseitiges Kraut

Ein Minzetee am Morgen weckt die Lebensgeister und stillt den Durst. Ein Minzetee am Abend beruhigt den Magen und hilft bei der Verdauung. Ein kalter Minzetee im Sommer erfrischt, ein heißer im Winter wärmt die Glieder. Das alles nutzten schon unsere Vorfahren, wie das kleine Gedicht eines Pflanzenkenners zeigt:

„Die Minze kühlt den Kopf, der heiß,
Und wärmt den kalten Magen.
Sie birgt ein Feuer und ein Eis
Für unser Wohlbehagen.
Drum trägt zur Kirche in der Hand
Das Mägdlein sie im Wendenland."
(Aus der Geschichte der Pflanzenwelt des Pharmaziehistorikers Hermann Peters, 1848–1920)

Doch die Minze kann noch viel mehr als kühlen und wärmen. Als alte Heilpflanze wussten sie schon die Griechen zu schätzen und ihre Geruchs- und Geschmacksvielfalt ist schier unerschöpflich. Alle kulinarisch interessanten Minzesorten können Sie auch in Töpfen und Kübeln auf Balkon und Terrasse kultivieren. Sind sie zu üppig geworden, lassen sie sich leicht teilen. Mit selbst gezogenen Minzen aus Wurzelausläufern oder Stecklingen können Sie hübsche Töpfe als kleine Geschenke bepflanzen. Wer einmal von verschiedenen Minzen gekostet hat, wird davon nicht mehr lassen können und seine Küche mit immer neuen Kreationen bereichern.

MINZELIKÖR
MINZE-ESSIG

Gestatten: Minze

Heilsame Kräfte

„Wer alle Kräfte, Arten und Namen der Minzen vollständig aufzählen kann, ebenso gut auch sagen könnte, wie viele Fische im Roten Meer schwimmen oder wie viel Funken der Ätna auswirft.“ (Walahfrid Strabo in „Hortulus“, 9. Jhr.)

Voller ätherischer Öle

Die zahlreichen Arten und Sorten der Minze sind tatsächlich kaum aufzuzählen, dabei hat es im Mittelalter die erst seit 1696 bekannte Pfeffer-Minze (*Mentha × piperita*) noch gar nicht gegeben. Allerdings dürften damals die Anwendungen und beschriebenen Heilwirkungen der Minzen zahlreicher gewesen sein als heute. Diese werden hauptsächlich den ätherischen Ölen (Menthol, Menthon, Menthofuran, Menthylacetat, Carvon, Pulegon, Limonen u.a.), Gerbstoffen und Flavonoiden zugeschrieben.

In Klostergärten wurde Minze als Medizinalpflanze angebaut.

Minze als Medizin

Es scheint kaum eine Krankheit zu geben, bei der die Pflanze nicht hilfreich ist. Aufgrund der kühlenden Wirkung des Menthols verschafft sie bei vielen mit Fieber einhergehenden Beschwerden Linderung. Die leicht desinfizierende und krampflösende Wirkung ist wissenschaftlich nachgewiesen und wird auch heute noch genutzt. Besonders die Echte Pfeffer-Minze (*Mentha × piperita*) wird in großem Stil angebaut und zur Gewinnung von Pfefferminzöl genutzt. Es hilft vor allem gegen Entzündungen der Mundschleimhaut, bei Erkältungskrankheiten, bei Reizmagen sowie krampfartigen

Beschwerden von Darm und Gallenwegen. Als Geruchs- und Geschmacksverbesserer findet Menthol aus Pfefferminze in vielen Kosmetikartikeln, in Zahnpasta und Kaugummi Verwendung. Das etwas bittere Minzeöl der Japanischen Minze (*Mentha arvensis* var. *piperascens*) ist als Chinesisches oder Japanisches Heilpflanzenöl bekannt. Es wirkt ähnlich wie Pfefferminzöl stark kühlend und erfreut sich zunehmender Beliebtheit als äußerlich angewendetes Mittel bei Kopf-, Muskel- und Nervenschmerzen. Es ist ebenfalls sehr wohlriechend und hat keinerlei nachteilige Nebenwirkungen!

Minze sollte in keinem Garten fehlen, zumal sie dort viele Schädlinge vertreibt.

SMART

Minze und Mythologie

› **Hades, der Gott der Unterwelt,** verliebte sich in die hübsche Nymphe Mintha. Seine Frau Persephone und deren Mutter Demeter töteten in ihrer Eifersucht die Nebenbuhlerin. In seiner Trauer verwandelte Hades seine Geliebte in eine wohlriechende Pflanze, die Wasser-Minze.

Minze als Liebeskraut

Duftende Minze wurde lange Zeit als Aphrodisiakum in Badezusätzen, Speisen und Getränken benutzt. Als Liebesmittel trug der Bräutigam in der Antike einen Kranz aus Minze. In der gesamten alten Welt war sie ein Symbol für leidenschaftliche Liebe, was sie auch in der Blumensprache bis ins 14. Jahrhundert hinein blieb. Außerdem sollte die Minze den männlichen Samen stärken und sogar gegen Impotenz helfen.

Wilde Minzen

Alle Minzen gehören zur Familie der Lippenblütler (Lamiaceae/Labiatae), wie viele andere, in Europa heimische aromatische Kräuter, z. B. Thymian, Lavendel, Salbei und Rosmarin. Im Gegensatz zu den genannten Sonnenanbetern für trockene Standorte bevorzugen Minzen jedoch halbschattige bis schattige und feuchte Standorte sowie nährstoffreichen und lockeren Boden. Hier bilden sie viele Ausläufer und können so dichte Bestände bilden. Die Stauden ziehen im Herbst oberirdisch ein und treiben im Frühjahr wieder aus. Die rotvioletten, rosafarbenen oder weißen Blütenstände erscheinen von Juli, August bis in den Oktober hinein und ziehen viele Insekten, besonders Schmetterlinge an. Minzen haben vierkantige, oft rötlich gefärbte Stängel und gegenständige, herzförmige bis längliche Blätter mit gesägtem Blattrand. Die ganze Pflanze duftet aromatisch, mehr oder weniger stark nach Menthol und anderen ätherischen Ölen.

Wasser-Minze (Mentha aquatica) gedeiht in der Sumpfzone des Gartenteichs.

- Die Wasser-Minze oder Bach-Minze (*Mentha aquatica*) wächst oft in dichten Beständen an feuchten Ufern von Gräben, Bächen und Teichen. Ihre quirlartigen, rosavioletten Blütenstände sitzen an der Triebspitze und in den Blattachseln der obersten Seitentriebe. Sie ist ähnlich aromatisch wie die Pfeffer-Minze und kann wie diese als Tee oder Gewürz verwendet werden.

▸ Die Acker-Minze (*Mentha arvensis*) riecht stark aromatisch, besonders wenn sie an eher trockenen Standorten wächst. Sie ist inzwischen auch in verschiedenen Sorten in den Tropen Asiens heimisch und weltweit die wichtigste Mentholquelle für die Geschmackskorrektur von Arzneien, Drogerie- und Genussmitteln geworden. Das Öl einer Sorte ist als „Japanisches Minzeöl" im Handel (nicht zu verwechseln mit dem süßlicheren Pfefferminzöl), ein anderes, sehr scharfes, als „Tigeröl".

▸ Die Polei-Minze (*Mentha pulegium*) wurde früher als Medizin verwendet, wirkt jedoch in größeren Dosen giftig. Deshalb sollte man sie nicht mit der ähnlich aussehenden Acker-Minze verwechseln. Die niedrig wachsende Sorte 'Penny Royal' kann man als duftenden Bodendecker pflanzen und damit im Nutzgarten viele Schädlinge vertreiben.

▸ Die Ross-Minze (*Mentha longifolia*) ist eine dekorative Wildart mit länglichen behaarten Blättern und violetten Blütenständen, die sich auch auf kalkhaltigen wechselfeuchten Böden wohlfühlt. Als wenig wuchernde Wildform oder in diversen aromatischen Sorten ist sie als dekorative Staude für den Garten und

Acker-Minze (*Mentha arvensis*) wächst auch auf feuchtem Ödland.

SMART Tipp

› **Die Polei-Minze** (*Mentha pulegium*) vertreibt auch im Haus zuverlässig Insekten, bei Haustieren im Körbchen oder Badewasser sogar Flöhe.

in Blumensträußen ebenso geeignet wie für die Verwendung in der Küche.

▸ Die Rundblättrige Minze (*Mentha suaveolens*) ist eine klassische Teepflanze mit geringem Mentholgehalt. Ihr Duft ist süß-aromatisch und erinnert an frische grüne Äpfel. In England wird sie auch 'Applemint' genannt, nicht zu verwechseln mit der deutschen Apfel-Minze (*Mentha* x *rotundifolia*). Von der Rundblättrigen Minze, die sich besonders als Duftteppich im lichten Schatten unter Obstbäumen und -sträuchern eignet, gibt es eine attraktive Varietät mit weiß panaschiertem Laub, die Ananas-Minze (*Mentha suaveolens* 'Variegata'). Ihr herb-zitroniges Aroma erinnert an die Eberraute, der Geschmack an „Bitter Lemon".

▸ Die Ährige Minze oder Grüne Minze (*Mentha spicata*) ist eine verwilderte Kreuzung aus der Ross-Minze (*Mentha longifolia*) und der Ananas-Minze (*Mentha suaveolens*). Sie kann unterschiedlich aussehen, je nachdem zu welchem Elternteil sie tendiert. Ihre sattgrünen Stängel und Blätter, die immer spitz zulaufen, sind entweder glatt oder gekraust. Sie liebt halbschattige feuchte Standorte, wächst aber auch in sonnigen trockenen Lagen noch recht gut. Zusammen mit der Wasser-Minze (*Mentha aquatica*) hat sie den bekannten Bastard Pfeffer-Minze (*Mentha* x *piperita*) gebildet. Grüne Minze hat ein ganz eigenes, mentholarmes Aroma, das zum Aromatisieren von Zahncreme und Kaugummi verwendet wird. Die Geschmacksrichtung 'Spearmint' findet traditionell in der englischen Küche Anwendung und ist sehr magenfreundlich. Es gibt noch andere Sorten mit unterschiedlichem Aroma oder auch dunklem Laub. Eine natürliche, niedrig wachsende Varietät mit krausen Blättern ist die Krause Minze (*Mentha spicata* var. *crispa*), die es ebenfalls in mehreren Sorten gibt. Als Teepflanzen und zum Würzen sind sie in der orientalischen Küche sehr beliebt.

Eine Ausnahme unter den Minzen ist die Korsische Minze (*Mentha requienii*). Sie wird mit ihren winzigen runden Blättchen nur einige Zentimeter hoch. Sie liebt

Die Allerlei-Minzen (Mentha species-Gruppe)

Viele Minzen sind botanisch nicht genau zuzuordnen, da sie aus verschiedenen Kreuzungen von Wildformen und Hybriden entstanden sind bzw. immer neu entstehen.

Diese so genannten Allerlei-Minzen sind sehr vielgestaltig und für unterschiedliche Standorte geeignet.

Die Verwendungsmöglichkeiten der Allerlei-Minzen sind genauso beachtlich wie ihre Duft- und Geschmacksvielfalt: als Geruchsverbesserer, Erfrischung und Badezusatz, als Tee, Würzmittel für Drinks und Speisen. Einige erinnern dabei an andere Würzkräuter wie Basilikum oder Lavendel, andere an Früchte oder sie bringen ein fremdländisches Aroma in die Küche.

Korsische Minze *(Mentha requienii), ein Winzling im Blumentopf*

SMART

Tipp

› **Korsische Minze** gedeiht auch auf kleinstem Raum, z. B. im Balkonkasten. Wenn Sie das Gefäß im Winter hereinholen, kühl und hell stellen, können Sie lange von Duft und Geschmack des hübschen Zwerges profitieren.

Sonne bis Halbschatten und bevorzugt magere, aber feuchte Standorte. Als Südeuropäer aus dem Mittelmeerraum ist sie bei uns nicht ganz winterhart. Einige Zweige oder ein Vlies darüber gelegt schützt die Pflanze im Winter. In breiten Fugen von Terrasse oder Weg sät sie sich gerne selbst aus und bildet so einen begehbaren Duftpfad. Man kann sie aber auch anstelle der beliebten Zimmerpflanze Bubiköpfchen in Töpfen an einem kühlen Ort ziehen und hat so das ganze Jahr hindurch die winzigen duftenden Blättchen mit ihrem kraftvollen Aroma zum Würzen zur Hand. Und dekorativ sind die hübschen kleinen Blätter der Korsischen Minze allemal.

Minze – Frische in der Küche

Ein besonderer Geschmack

Mit Minze können Sie jedem noch so einfachen Gericht eine außergeöhnliche Note verleihen. Das Minzearoma sollte dabei jedoch nicht dominieren, sondern das Essen in einen erfrischenden Duft hüllen und ihm eine besondere Geschmacksnote geben. So bekommen auch einfache Speisen eine exotische Anmutung.

Die Nase isst mit

Da Menthol leicht flüchtig ist, wird man es beim Essen zuerst riechen. Gut auf das Essen abgestimmt, unterstreichen die Öle und Geschmacksstoffe der Minze das Eigenaroma oder rufen beim Genießer Assoziationen mit Frische, Kühle oder verschiedenen Früchten hervor. Diese vielfältigen Gedankengänge beim Riechen und Schmecken von verschiedenen Minzen regen dabei immer wieder zu neuen Rezeptideen an.
Lassen Sie Ihrer Fantasie freien Lauf und probieren Sie einfach immer mal wieder etwas Neues aus. Ein Essen verderben können Sie mit Minze niemals!

Minze in Speisen und Getränken

Aufgüsse aus frischen oder getrockneten Blättern und ganzen Trieben	Heiß als magenfreundlicher Heiltee, gekühlt als erfrischendes Getränk. Gemischt mit anderen Teekräutern oder Obstsäften.	Mit kochendem Wasser übergießen und 5 bis 10 Minuten ziehen lassen. Danach abseihen oder ganzen Stängel herausnehmen.
Auszüge von frischen ganzen Blättern oder Trieben	Zum Aromatisieren von Schnäpsen, Likören, hellem Essig und Öl. Zum Mitkochen für Gelees, Konfitüren und Chutneys.	3 bis 5 Stängel in die durchsichtige Flasche geben und einen Tag bis eine Woche bei Licht ziehen lassen. Zum Klären der Flüssigkeit abseihen oder Stängel entfernen.
Fein gehackte oder gerebelte Blätter	Zum Aromatisieren von Mixgetränken, Salat- und Kräutersoßen, Dips, Salaten, Obstsalaten, Eis, Schokoladendesserts. Für Schokoladenkuchen im Teig mitbacken.	Blätter fein hacken oder wiegen oder zusammen mit den anderen Zutaten in einem Mörser zerreiben oder in den Mixer geben. Nicht mitkochen, sondern nur für kalte Speisen verwenden!
Grob gehackte oder ganze Blätter und Blüten	Zum Würzen von rohen und gekochten Speisen, zum Dekorieren von Getränken, Salaten, Platten, Meeresfrüchten, Süßspeisen.	Die gehackten Blätter erst gegen Ende des Kochens dazugeben oder danach über das Essen streuen. In kalten Speisen, Salatsoßen und Drinks einige Stunden ziehen lassen.

Minzearoma in Likör, Essig und Öl wirkt appetitanregend.

▸ **Gewürze mit Minze aromatisieren** Im Winter hat man keine frische Minze zur Hand. Wollen Sie nicht auf getrocknete oder eingefrorene Minzeblätter zurückgreifen, können Sie sich Gewürze auf Vorrat herstellen. In Salz, Zucker oder Olivenöl bleibt die Minze lange haltbar.

▸ **Minze-Salz** Frische, fein gehackte Minzeblättchen (z. B. die geschmacksintensive Pfälzer Pfeffer-Minze) im Verhältnis 1:1 mit dem Salz mischen und gut verschlossen aufbewahren.

▸ **Minze-Zucker** Ganze Blätter (z. B. von der Marokkanischen Minze) werden in Lagen abwechselnd mit dem Zucker geschichtet und 10 Tage an einem dunklen kühlen Ort gelagert. Den Zucker kann man vor Gebrauch zusammen mit den Minzeblättchen mahlen oder man entfernt die Blätter. Zum Aromatisieren von Tee gießt man den heißen Grün- oder Schwarztee darüber.

▸ **Minze-Pesto** 1 Tasse natives Olivenöl wird mit 1 Tasse gehackten Nüssen, Mandeln oder Pinienkernen, 1 Tasse Basilikum und 1/2 Tasse Minze (z. B. Krause Minze) sowie 1/2 bis 2 Zehen Knoblauch, je 1/2 TL Salz und grünem Pfeffer in einem Mixer solange zerhackt, bis das Öl vollständig von den Nüssen aufgesogen ist. Zu Salaten, Gemüse und Spagetti, aber auch als Brotaufstrich gut geeignet. Man kann es etwa 6 Wochen lang gut verschlossen im Kühlschrank aufbewahren.

▸ **Minze-Essig** Minzestängel so in die Essigflaschen stecken, dass man ihn wieder herausziehen kann. An einem hellen Ort 10 bis 15 Tage ziehen lassen und den Stängel dann entfernen. Am besten eignet sich heller Balsamiko- oder Apfelessig mit fruchtbetonter Minze.

▸ **Minze-Sirup** 3 Tassen Zucker in einer Tasse Wasser erwärmen und auflösen. Die gehackten Blättchen von etwa einem Minzestängel dazugeben und 5 Minuten sieden lassen. Nach dem Abkühlen durch ein feines Sieb in saubere Flaschen füllen und verschließen. Zum Würzen von Obstsalat, Eis, Milch oder für eine erfrischende Minzelimonade eignet sich dieser lange haltbare Sirup.

SMART

Tipp

› **Mengenangaben** für Tees und zum Würzen unterscheiden meist nicht zwischen frischem und getrocknetem Kraut. Zerkleinerte frische Minzeblätter haben zwar mehr Volumen, getrocknet hat das Kraut aber an Würzkraft eingebüßt.

Pikante Gerichte

Beim Kochen mit Minze müssen Sie sich nicht auf fremdländisches Essen umstellen. Denn auch die übliche bodenständige Küche schmeckt mit ein wenig Minze gewürzt überraschend leicht und frisch.
Bei Fleisch- und Fischgerichten kann man ganze Minzezweige mitbraten oder schmoren. In Fleisch, Fisch und Soßen dringen die Aromastoffe tief ein und verbinden sich mit den Fetten.
Beim Kochen mit Wasser verflüchtigt sich das Menthol hingegen leicht. Mit etwas frischer gehackter Minze, die man vor dem Servieren über das Gericht streut, kann man das typische Minzearoma wieder herstellen.

Fisch mit Sommergemüse

für 2 Personen

- **2 Rotbarsch- oder Seelachsfilets**
- **1 Aubergine**
- **1 Gemüsezwiebel**
- **2 Tomaten**
- **2–4 Stängel fruchtbetonte Minze**
- **1 EL Olivenöl**
- **Zitronensaft**
- **Salz, Pfeffer**

1 Den Fisch waschen, trockentupfen, mit etwas Zitronensaft einreiben und ziehen lassen. Das Gemüse waschen und in mundgerechte Stücke schneiden.
2 Zwiebel, Paprika und Aubergine in Olivenöl anbraten, danach Tomaten, Salz, Pfeffer und Minze zufügen und bei geschlossenem Deckel 5 Minuten dünsten lassen. Währenddessen Fischfilets abtrocknen, mit Salz und Pfeffer würzen und in das Gemüse legen. Mit geschlossenem Deckel weitere 5 Minuten dünsten.
3 Minzezweige entfernen. Die Soße nach Wunsch mit etwas Tomatenmark andicken. Mit frischen Minzeblättchen garniert servieren. Dazu passt Reis oder Weißbrot.

Rotbarschfilet mit Sommergemüse und Minze

Erbsensuppe mit Minze

für 4 Personen
- 2 Zwiebeln
- 80 g Sauerrahmbutter
- 750 Tiefkühlerbsen
- 750 ml kräftige heiße Brühe
- 150 g süße Sahne
- 1–2 EL Zitronensaft
- 3 EL Minzeblätter, in Streifen geschnitten
- Salz, Pfeffer
- ganze Minzeblättchen zum Garnieren

1 Die feinen Zwiebelwürfel in der Butter glasig dünsten, Erbsen zufügen und kurz weiterdünsten. Die heiße Brühe aufgießen und 15 Minuten kochen lassen.

2 Ca. 6 EL Erbsen herausnehmen und die Suppe mit dem Pürierstab pürieren.

SMART Tipps

- **Ein Minzezweig** im Kochwasser von Kohl vertreibt den unangenehmen Kochgeruch.
- **Minze am Gemüse** wie zu Bohnen, Erbsen, Kartoffeln und Spargel ergibt eine erfrischende pikante Geschmacksnote. Auch dazu gibt man einen Zweig einfach mit ins Kochwasser.

Heiß und frisch: Erbsensuppe mit Minze

3 Mit Salz, Pfeffer und Zitronensaft würzen und die Sahne unterrühren. Danach weitere 3 Minuten köcheln lassen.

4 Zuletzt mit den ganzen Erbsen und der Minze mischen und mit ganzen Minzeblättchen garniert servieren.

Minzesoße für Lammbraten

Dazu zerkleinert man 2 Hände voll Pfefferminzblätter, übergießt sie mit 2 Tassen kochendem Wasser und rührt anschließend 1 EL Honig unter. Die Mischung mindestens eine Stunde ziehen lassen und das gewürzte, krustig angebratene Fleisch im Backofen im Bräter bei 180 Grad etwa alle 10 Minuten damit begießen. Vor dem Servieren die Bratensoße mit Wein- oder Balsamico-Essig und Salz nach Geschmack würzen.
Weniger zeitaufwändig, dafür ohne Kruste und bekömmlicher gelingt der Lammbraten im Römertopf. Hier gibt man die Soße direkt zum gewürzten Fleisch.

Salate und Vorspeisen

Minze verleiht vielen stark gewürzten oder schweren Gerichten Leichtigkeit und macht sie besser verdaulich. Fettes Fleisch und gekochtes Gemüse mit Olivenöl profitieren davon ebenso wie kalte Speisen mit Knoblauch oder Zwiebeln. So bekommt z. B. griechisches Tsatsiki mit gehackten Minzeblättchen eine frische Note, spanische Gazpacho, französische Ratatouille und arabisches Taboulé sind mit gehackter Minze besonders köstlich und aromatisch.

SMART Tipps

- **Zwiebel- und** Knoblauchgeruch nach dem Essen wird von Minze erfolgreich verdeckt, wenn man einige Blättchen kaut.
- **An vielen Salaten** und Soßen kann man Minze sogar anstelle von Zwiebeln oder Knoblauch verwenden. So vermeidet man nach dem Essen peinliche Folgen und bekommt zudem einen frischen Atem.

Griechischer Salat

für 4–6 Personen

- **1 Salatgurke**
- **2–3 Tomaten**
- **1–2 gelbe Paprikaschoten**
- **3–4 EL schwarze Oliven**
- **1/2 Gemüsezwiebel**
- **200–250 g Feta-Käse**
- **1–2 EL heller Balsamico-Essig**
- **4 EL natives Olivenöl**
- **1/2 TL schwarzer Pfeffer**
- **3–4 EL grob gehackte und ganze frische Minzeblätter**

1 Das Gemüse waschen und putzen, die Gurke schälen und alles in gleich große, mundgerechte Scheiben oder Würfel schneiden.

2 Den Feta-Käse in kleine Würfel schneiden und dazugeben.

3 Den Salat mit Essig, Öl, Pfeffer und Minze mischen und mit Oliven und ganzen Minzeblättern dekorieren.

Auberginen mit Zwiebel-Minze-Aufstrich

als Vorspeise für 4–8 Personen

- **4 kleine Auberginen**
- **125 g Sauerrahmbutter, zimmerwarm**
- **5 Frühlingszwiebeln**
- **8–10 Stängel Minze**
- **1 TL Paprikapulver**
- **1/2 TL Kreuzkümmel, gemahlen**
- **Salz, Pfeffer**

1 Auberginen der Länge nach in 1 cm dicke Scheiben schneiden und auf dem Grillrost im Backofen bei mittlerer Hitze 10 bis 15 Minuten garen, dabei einmal wenden.

2 Butter mit dem Schneebesen ca. 5 Minuten lang schaumig rühren.

3 Frühlingszwiebeln in feine Ringe, Minzeblättchen in feine Streifen schneiden und die Kräuter mit der Butter und den Gewürzen mischen.

4 Die warmen Auberginen mit der Minzebutter bestreichen und zusammen mit Weißbrot servieren.

Variante

Für eine Auberginencreme kann man die Früchte auch in Hälften etwa 20 Minuten lang im Backofen unter dem Grill garen, muss sie aber vorher mit einer Gabel anstechen! Das herausgelöffelte Fruchtfleisch pürieren und mit der Butter mischen.

Pikante gebratene Auberginen mit Minzebutter.

Marinierte Zucchini mit Minze

als Vorspeise für 4–8 Personen

- 1 kg Zucchini
- 3 Frühlingszwiebeln
- 100 ml natives Olivenöl
- Saft von 3 Orangen
- 1 Tasse zerkleinerte Pfeffer-Minzeblätter
- 10 Koriandersamen
- Salz, Pfeffer

1 Die Zucchini mit Schale in kleine Würfel und die Zwiebeln in feine Ringe schneiden.

2 Zusammen mit dem Olivenöl, Orangensaft und Koriander bissfest garen und anschließend mit Salz und Pfeffer abschmecken.

3 Das abgekühlte Gemüse in eine Schüssel geben, mit der Minze bestreuen und einige Stunden im Kühlschrank durchziehen lassen. Dazu passt Taboulé oder Weißbrot.

SMART Tipp

› **Bieten Sie** Ihren Gästen zum Fingerfood eine große Glasschale mit Wasser und darin schwimmenden Minzezweigen und Zitronenvierteln an, damit sie sich zwischendurch stilvoll und „minzig“ die Finger reinigen können.

Fingerfood mit Minze

Die kleinen Häppchen dürfen als Vorspeise oder zu Getränken gereicht auf keiner Party mehr fehlen. Mit Minze gewürzt schmecken sie lange frisch, mit Minze dekoriert sieht alles appetitlicher aus.

Desserts und Getränke

Beim Würzen von Süßspeisen lassen Sie Ihrer Fantasie einfach freien Lauf. Besonders kalte Obstsalate, Schokoladendesserts und Mixgetränke bekommen durch Minze einen exotischen Duft und Geschmack und erfrischen damit noch einmal so gut.

Fruchtsalate erhalten mit Minze das gewisse Etwas.

Fruchtdesserts

Geruch und Geschmack der Minzesorten mit Früchten im Namen passen besonders gut zu den gleichnamigen Früchten, aber auch zu gemischten Fruchtsalaten und Cocktails. Sie heben und ergänzen das Aroma, sodass man eine größere Fruchtvielfalt und Fruchtreife schmeckt. Lassen Sie kleine ganze oder große grob gehackte Blätter eine Weile im Fruchtsalat ziehen. Man kann aber auch ganze Zweige in die Schüssel geben und nach einer Stunde wieder herausnehmen.

Schokoladendesserts

Für eine leichte Mousse au Chocolat mischen Sie einfach fein gehackte Minze, am besten die gleichnamige Schokoladen-Minze, vor dem Abkühlen unter und verzieren das Dessert mit Blättern, Triebspitzen oder Blüten. Für einen Schokoladenkuchen etwa einen Esslöffel feingehackte Minze unter den Teig mischen. Hier eignen sich auch Sorten mit viel Menthol, da es sich im Backofen teilweise verflüchtigt.

SMART Tipp

› **Kalten Kakao** sollte man im Sommer besser mit Minze statt mit Rum würzen. Die Minzeblättchen im Mörser zusammen mit dem Zucker zerreiben oder Kakaopulver, Zucker, Minze und Milch in den Mixer geben. Das Getränk eine Weile kalt stellen und ziehen lassen.

Minze-Kaffee

für 4 Personen

- 9 gehäufte TL gemahlener Kaffee
- 8 Tassen kochendes Wasser
- 4 Zweige mentholbetonte Minze (z.B. Pfeffer-Minze)
- 1/2 Vanilleschote
- 4 Schaschlikspieße
- 4 Strohhalme
- flüssige Sahne
- Zucker
- Minzeblätter und Früchte zum Dekorieren (z. B. Orangenschnitze, Sternfrucht, Erdbeeren)

1 Die fein gehackten Minzeblättchen mit dem Kaffeepulver und dem Vanillemark in die Filtertüte geben und wie üblich aufbrühen.

2 Den Kaffee in hohe Gläser füllen und mit den Strohhalmen, Minzeblättern und Früchten dekorieren. Die Sahne und den Zucker dazu reichen.

Variante

Eine köstliche Abwandlung für den Sommer ist Eiskaffee mit Minze: Hierzu den Kaffee mit der Minze kalt stellen und mit Vanilleeis und Minzezweigen als Dekoration servieren.

Doppelter Muntermacher: Kaffee mit Minze

Kalte Getränke

Kalte Fruchtgetränke, fruchtige Longdrinks und Cocktails gewinnen fast immer mit etwas Minzegeschmack. Für Longdrinkliebhaber hier eine berühmte Spezialität aus Kuba, die durch den Schriftsteller Ernest Hemingway, der sie regelmäßig genoss, berühmt wurde:

Mojito

für 4 Personen

- **12 cl Limettensaft**
- **8 cl Zuckersirup**
- **24 cl weißer Rum**
- **etwas Soda**
- **Eiswürfel**
- **20–30 Minzeblätter**
- **4 Minzezweige (stilecht mit Hemingway-Minze)**

1 Limettensaft, Zuckersirup und Minzeblätter in ein Glas geben.

2 Minzeblätter mit dem Stößel etwas zerdrücken.

3 Rum dazugießen und mit Eiswürfeln auffüllen.

4 Alles mit einem Schuss Soda abspritzen und mit dem Barlöffel etwas verrühren.

5 Mit dem Minzezweig garnieren und mit Trinkhalm servieren.

SMART Tipps

- **Menthol wirkt** im Mund kühlend, sodass alle Speisen und Getränke einige Grade kälter und somit erfrischender wirken, als es der gemessenen Temperatur entspricht.
- **Viele Minzen** schmecken so süß, dass man bei kalten Tees, Erfrischungsgetränken und Desserts den Zucker ganz oder teilweise einsparen kann.

Die Wellness-Pflanze Minze

Die kühlende Wirkung des Menthols macht die Minze zu einer idealen Wellness-Pflanze. Ob eingeatmet, im Badewasser oder in der Körperlotion, Sie werden sich anschließend immer erfrischt und belebt fühlen.

So kann man jedes beliebige Duschgel mit einigen Tropfen Pfefferminz- oder Minzeöl in eine wohltuende Erfrischung verwandeln. Manchmal reicht aber schon ein Arm- oder Fußbad mit etwas Minzeöl im kühlen Wasser. Da sich das Öl in kaltem Wasser schlecht verteilt, eignet sich hier ein Aufguss aus frischer oder getrockneter Minze besser. Aber auch einige Minzezweige im Wasser entfalten ihre kühlende Wirkung. Wer kein Wasser zur Verfügung hat, reibt sich einfach die Unterarme mit einem Zweig frischer Minze ab.

Die ätherischen Öle der Minze erfrischen und beleben.

Kühlen mit Minze

Genauso wohltuend und erfrischend ist das Einölen oder Eincremen mit Minzeöl nach dem Baden oder Duschen. Dazu versetzt man einfach Körperöl oder -lotion mit einigen Tropfen Minzeöl und schüttelt es gut durch. Probieren Sie die Mischung erst mit wenigen Tropfen aus und steigern Sie dann die Konzentration, bis sich die gewünschte Kühlwirkung entfaltet.
Das Öl der Japanischen Tigeröl-Minze ist als „Tigerbalsam“ gegen Kopfschmerzen schon lange bekannt. Eine kleine Menge auf die Schläfen gerieben kühlt und verengt die Blutgefäße. Danach aber unbedingt die Finger waschen, denn das Öl darf nicht in die Augen gelangen!

Bei stumpfen Verletzungen wie Blutergüssen und auf Insektenstichen wirkt das kühlende Menthol schmerzlindernd. Eine feuchte Kompresse mit Minzeöl oder zerquetschten Minzeblättern hat eine langanhaltende kühlende Wirkung. Ein erhitztes, geschwollenes oder von der Sonne verbranntes Gesicht kann man mit einer Quarkmaske mit etwas Minzeöl oder zerriebenen Minzeblättern kühlen und straffen.

Minze im Fußbad fördert die Durchblutung der Beinvenen.

Minze in der Nase

Bekannt ist, dass Menthol, wohl wegen seiner durchblutungsfördernden Wirkung auch bei Gedächtnisschwäche hilft. Minzezweige im Kaminfeuer und im Staubsaugerbeutel, Minzeöl in der Duftkerze und im Saunaaufguss sowie Minzetee im Zimmerbrunnen oder Luftbefeuchter beleben nicht nur den Geist, sondern vertreiben auch schlechte Gerüche.
In der Aromatherapie wird die Minze als kühlende, erfrischende und stimmungsaufhellende Pflanze verwendet. Sie vertreibt düstere Gedanken und stimmt optimistisch.

SMART Tipps

- **Ein Minzeaufguss** im warmen Badewasser soll ein äußerst wirksames und erprobtes Mittel gegen mangelndes Lustempfinden sein (besonders, wenn man das Bad gemeinsam genießt!).
- **Selbst ein** zuckerfreier Minzekaugummi wirkt belebend und zugleich verdauungsfördernd. Da er außerdem die Zähne reinigt, ist er eine gute Alternative zum Kaffee und zum Zähneputzen nach dem Mittagessen.

Gesundheit mit Minze

Für gesunde Tees kommen die meisten Minzearten und -sorten in Frage. Welche Sie alleine oder als Mischung bevorzugen, hängt ganz von Ihren geschmacklichen Vorlieben ab.

Tees für Magen und Darm

Wohl am bekanntesten ist der Pfefferminztee. Er wirkt appetitanregend sowie krampflösend bei Magen- und Darmbeschwerden, regt die Gallensekretion an, wirkt so verdauungsfördernd und verhindert Blähungen. Übergießen Sie einen Zweig oder ein bis zwei Esslöffel frische oder getrocknete Blätter mit 150 bis 200 ml kochendem Wasser und lassen Sie den Tee 5 bis 10 Minuten zugedeckt ziehen. Dann gießt man die Mischung durch ein Sieb oder entfernt den Zweig. Minzetee schmeckt heiß, warm oder kalt, mit oder ohne Zucker serviert gleichermaßen gut und erfrischend. Minze verbessert aber auch den Geschmack vieler anderer Heiltees, z. B. Birken-, Brombeer-, Brennnessel- und Schwarztee. Schon lange wird Minze als Tee, Sirup oder Likör erfolgreich bei Reisekrankheit und bei Übelkeit in der Schwangerschaft angewendet. Bei Husten und Bronchialasthma soll Minzetee krampflösend wirken. Allerdings muss von einer Anwendung am Abend abgeraten werden, denn Minze wirkt anregend und belebend. Bei entzündeter Mundschleimhaut, Halsschmerzen und geschwollenen Rachenmandeln wirkt ein Gurgelwasser aus kaltem Minzetee, aber auch ein Minzebonbon oder Minzeeis kühlend und abschwellend.

Inhalieren bei Erkältung

Bei Erkältungskrankheiten mit geschwollener Nasenschleimhaut ist ein Dampf-

Wohlschmeckende Tee-Mischungen mit Minze

Zwei-Kräuter-Mischungen	Kamille mit Apfel-Minze Majoran mit Pfeffer-Minze Zitronen-Verbene mit Grüner Minze Schwarztee mit Nane-Minze Grüntee mit Bergamott-Minze
Mehr-Kräuter-Mischungen	Grüne Minze, Apfel-Minze, Orangen-Minze Grüne Minze, Salbei, Zitronen-Melisse Grüne Minze, Katzenminze, Kamille, Majoran
Anti-Stress-Mischung	Minze, Kamille, Katzenminze, Baldrianwurzel oder Hopfenzapfen mit Honig
Mentholarmer Kindertee (Minzen einzeln oder gemischt verwenden)	Süße Limonen-Minze Apfel-Minze Orangen-Minze

Minzetee ist wohlschmeckend und gesund.

bad mit Minze ein bewährtes Hausmittel. Inhaliert fördert Menthol die Durchblutung der Schleimhäute und wirkt desinfizierend. Dazu füllt man einen starken heißen Minzetee in eine große Schüssel und beugt sich darüber. Ein großes Handtuch über Kopf und Schüssel verhindert, dass der mentholhaltige Dampf in den Raum entweicht. Über die Schüssel gebeugt atmet man mit geschlossenen Augen 10 Minuten lang tief ein.

Ähnlich schleimlösend und zugleich belebend wirkt ein warmes Vollbad mit Minzeöl. Für die Nacht kann man sich bei verstopfter Nase einfach einige Minzezweige neben das Kopfkissen legen oder einige Tropfen Minzeöl auf ein Taschentuch geben.
Bitte beachten Sie, dass Minzeöl, Eukalyptus und Kampfer nur bei älteren Kindern und Erwachsenen angewendet werden dürfen, denn der vom Menthol ausgelöste Kratschmer-Reflex kann bei Säuglingen und Kleinkindern zu Atemstillstand führen!

SMART Tipp

› **Starker kalter** Minzetee mit Rotwein gemischt und etwas kohlensäurehaltigem Mineralwasser aufgefüllt (jeweils zu gleichen Teilen), ist ein erfrischendes Sommergetränk für den Abend.

Dekorative Minze

Viele Minzen sind attraktive Stauden, die man auch zum Dekorieren verwenden kann. Ob in der Vase oder auf den Tisch gelegt, im Glas oder auf dem Teller, die hübschen Blätter und Blüten wirken auch optisch erfrischend.

Im August und September wachsen und blühen die Minzen am üppigsten. Jetzt kann man sich auch Sträuße für die Vase schneiden und die grünen Minzezweige mit anderen Blumen kombinieren, z. B. mit Spätsommerblühern wie Schafgarbe, Nesselblättriger Glockenblume, Funkien und Rittersporn oder mit Kräutern wie Dost, Salbei, Wermut und Katzenminze. Auch ohne bunte Blüten wirkt ein Strauß Minze zusammen mit einigen Wildgräsern oder Getreidehalmen sehr apart. Oder man kombiniert Minzen verschiedener Blattfarben und -formen zu einem üppigen Duftstrauß für den Tisch. Die appetitanregende Wirkung wird nicht ohne Wirkung bleiben.

Kleine Minzesträußchen schmücken und „desodorieren“ die Kaffeetafel.

Viel frisches Wasser

Leider lassen manche Minzen nach dem Abschneiden schnell die Köpfe hängen, besonders wenn man den Strauß in die Sonne stellt. Deshalb ist es sinnvoll, einen Schattenplatz auszusuchen und die Stiele nicht zu lang zu lassen. Man füllt die Vase bis zum Rand mit Wasser und gießt nach Bedarf frisches nach. Stellen Sie einen dicken Minzestrauß in eine Vase und schneiden Sie sich davon einige Tage lang einfach die Zweige oder Blätter je nach Bedarf für Tee oder zum Würzen ab.

Dekorativ auf dem Tisch

Für eine Tischdekoration in der Sonne wählt man am besten wassergefüllte flache Schalen, in die man Minzezweige legt. Besonders blühende, nach oben gebogene Zweige eignen sich hierfür. Sehr hübsch und erfrischend wirken auch Glasschüsseln oder hohe Gläser auf dem Tisch, die wie Aquarien mit Kieselsteinen, Minzesträußen und schwimmenden Blüten dekoriert werden. Sie können die Minzezweige auch einfach auf den Tisch oder Teller legen oder in die Serviette falten. Einen rustikalen Holztisch kann man auch mit Minzeblättern vor dem Servieren einreiben. Beachten Sie dabei jedoch, dass die Öle das Holz färben können.

Ein attraktiver Rosenstrauß mit erfrischender Duftnote

SMART Tipps

- **Minze** in der Vase hält das Blumenwasser selbst von Wiesenblumensträußen zwei bis drei Wochen lang frisch und klar! Auch für den Miniteich, den Zierbrunnen oder das Saunatauchbecken geeignet!
- **Wollen Sie** Speisen mit Minze dekorieren, geben Sie die Triebspitzen, Blätter oder Blüten erst kurz vor dem Servieren zum Essen, damit sie nicht vorzeitig welken.

Appetitanregend auf dem Teller

Mit den Blättern und Blüten kann man viele Gerichte und Getränke dekorieren, die man mit Minze gewürzt hat. So sieht ein Kranz aus Minzeblättern am Rand eines Salattellers oder eine einzelne Triebspitze in der Mitte einer Schüssel mit Tsatsiki sehr hübsch und appetitanregend aus. Eine Käseplatte kann man mit blühenden Trieben dekorieren und Meeresfrüchte bekommen mit Minzezweigen eine erfrischende Note. Einzelne Blättchen legt man auf ein Fruchtdessert oder Eis oder schwimmend in Cocktails. Minzeblättchen auf Käsespießchen und anderem Fingerfood sind ein nettes kulinarisches i-Tüpfelchen.

Trocknen – so wird's gemacht

Fühlen sich die Minzen in Ihrem Garten wohl, können Sie ab August mit großen Stauden rechnen. Die reiche Ernte sollten Sie trocknen oder einfrieren und sich so einen Vorrat für den Winter zulegen.

Der richtige Erntezeitpunkt

Aromatische Minzeblättchen kann man von Frühjahr bis Herbst sammeln. Die Triebe können Sie bis zu dreimal im Jahr abschneiden. Beachten Sie den richtigen Erntezeitpunkt: Die höchsten Konzentrationen an aromatischen Ölen befinden sich kurz vor und während der Blüte in den oberen Blättern der Pflanzen. In der Sonne wachsende Pflanzen haben zudem morgens mehr ätherische Öle als abends. Zum Trocknen großer Mengen benutzt man am besten den letzten Rückschnitt Ende September, wenn die Pflanzen sehr groß und dicht geworden sind.

Konservierungsmethoden

Für Tees und zum Würzen gekochter Gerichte	Stängel kopfüber trocknen, abgestreifte Blätter licht- bzw. luftdicht verschließen, nach Sorten getrennt in Dosen aufbewahren
Für Salate, zum Drüberstreuen/Bestreuen und Dekorieren	Ganze oder gehackte Blätter in Beuteln oder Dosen portionsweise einfrieren
Für kalte Drinks, Süßspeisen und zum Dekorieren	Ganze Blätter mit Wasser in Eiswürfelbehältern oder -beuteln einfrieren
Zum Aromatisieren von alkoholischen Getränken, Essig und Öl	Ganze Zweige eintauchen und bei Licht zwei bis drei Wochen ziehen lassen, danach entfernen

Kopfüber trocknen

Morgens, wenn die Blätter vom Tau getrocknet sind, schneidet man dazu die Stängel in Bodennähe ab und hängt sie in schmalen Bündeln umgekehrt zum Trocknen auf. Benutzen Sie dazu Gummiband und kein Garn, denn das Trocknen lässt die Stängel schrumpfen. An einem luftigen schattigen Ort sind die Blätter bei trockenem Wetter nach zwei bis drei Tagen trocken.
Wenn sie beim Abstreifen von den Stängeln hörbar rascheln, ist das ein sicheres Zeichen dafür.
Sammeln Sie die trockenen Blätter am besten auf einem großen Tablett oder in einer großen Schüssel, damit Sie Verunreinigungen auslesen können. Die ganzen oder zwischen den Händen zerriebenen (gerebelten) Blätter füllt man danach in Dosen oder dunkle Schraubgläser. Vergessen Sie beim Beschriften nicht das Datum und den

genauen Namen Ihrer Minze! Gut verschlossen hält sich das Aroma etwa ein Jahr lang.
Sie können die Minzestängel auch im Backofen trocknen. Dazu legt man sie auf ein Backblech und lässt sie bei Umluft (ca. 50 °C, kleinste Stufe) einige Stunden trocknen. Die Ofentür sollte dabei einen Spalt breit geöffnet sein.

An einem luftigen Ort im Schatten trocknen die Minzestängel innerhalb von wenigen Tagen.

Minze richtig einfrieren

Statt sie zu trocknen, können Sie die frischen Blätter auch von den Stängeln zupfen und einfrieren. Ganze Blätter kann man zwischen Lagen von Alufolie in einem flachen Karton auslegen und mit einem Nudelholz etwas glatt pressen. Festkleben kann man mit etwas Puderzucker verhindern. Ist der Karton voll, friert man ihn ein. Zur Entnahme nimmt man die gewünschte Anzahl Lagen heraus und lässt die Blätter auftauen, bevor man damit Speisen und Getränke dekoriert. Frische Triebspitzen und Blüten lassen sich auch gut in Eiswürfelbehältern oder Eiswürfeltüten in Wasser getaucht einfrieren. Man verwendet entweder die ganzen Eiswürfel für kalte Getränke oder taut sie auf und entnimmt dann das Pflanzenteil vorsichtig, z.B. mit einer Pinzette. Zum Würzen von Salaten, Desserts und Dips friert man frische ganze oder gehackte Blätter in Gefrierbeuteln ein.

SMART Tipp

› **Achten Sie** beim Ernten darauf, dass immer auch einige Stängel zum Blühen kommen, denn die spät blühenden Lippenblütler sind im Spätsommer wichtige Nahrungsquellen für viele Insekten, besonders für Schwebfliegen und überwinternde Schmetterlinge.

Weitere Kräuter von A – Z

Basilikum *(Ocimum basilicum)*

- Einjährige Pflanze
- Blüten und Blätter essbar
- Sehr heller Standort ohne pralle Sonne
- Feuchter, nährstoffreicher Boden
- Pflanzabstand 30 – 40 cm
- Höhe bis 45 cm

Seit die mediterrane Küche bei uns so populär geworden ist, hat das Basilikum mit den zahlreichen italienischen Speisen unaufhaltsam auch Einzug in unseren Speiseplan gehalten. Denn was wären Gerichte mit Nudeln, Tomaten und Käse ohne frisches Basilikum! Es gibt zwei Formen von Basilikum: das robuste, großblättrige und das kleinere, feinblättrige Basilikum mit einem intensiveren Aroma, das einen dichten Busch mit kleinen spitzen Blättern bildet. Außerdem gibt es viele verschiedene Sorten bzw. Züchtungen, die sich in Aussehen und Aroma unterscheiden (siehe S. 119). Die Blätter können rot, grün oder panaschiert sein. Die kleinen Blüten erscheinen in Ähren und sind je nach Sorte weiß, rötlich oder violett gefärbt.

Basilikum ist nicht winterhart und wird bei uns in der Regel einjährig gezogen. Säen Sie ab Ende März in Anzuchtschalen aus. Da Basilikum ein Lichtkeimer ist, dürfen die Samen nicht oder nur dünn mit Erde bedeckt werden. Wenn die Jungpflänzchen mindestens zwei Paar Blätter besitzen, können sie in Einzeltöpfe gesetzt werden. Erst nach den Eisheiligen darf Basilikum nach draußen in den Garten gepflanzt werden.

Im Sommer muss die Erde regelmäßig gewässert werden, da die Blätter sonst schnell welken. Um eine üppige Blattentwicklung zu fördern, zwicken Sie am besten regelmäßig die Blüten ab. Dann können Sie sogar bis in den Winter hinein ernten, wenn Sie die

***Basilikum** sollte möglichst frisch geerntet in der Küche verwendet werden, da es schnell sein Aroma verliert.*

Pflanzen rechtzeitig ins Haus holen. Die Blätter sollten geerntet werden, solange sie jung und frisch sind.

Basilikum als Busch oder Baum

Die Basilikum-Sorte 'Magic Blue' wird aus Stecklingen gezogen und wächst wie ein kleiner Strauch mit langen, verholzenden Trieben. Sie lässt sich als Hochstämmchen oder kugeliger Busch ziehen. Sie ist zwar mehrjährig, aber nicht winterhart und muss daher frostfrei in einem hellen Wintergarten oder auf der Fensterbank überwintert werden.

Am besten frisch genießen

Wenn Sie Basilikum trocknen möchten, ernten Sie am frühen Morgen oder in der Abenddämmerung, wenn die Pflanze noch nicht blüht. Dann besitzen die Blätter das meiste Aroma. Allerdings verliert Basilikum beim Trocknen einen großen Teil seines Aromas.
In Olivenöl halten sich Basilikumblätter vier bis fünf Monate frisch. Einfach die Blätter zerkleinern, mit Olivenöl vermischen und in

***Pesto à la Genovese** ist die klassische Spagetti-Soße der italienischen Küche.*

einem dicht schließenden Gefäß im Kühlschrank aufbewahren. Sie können die Blätter auch blanchieren (damit sie nicht dunkel werden) und anschließend einfrieren.

Pesto à la Genovese

- 2 Handvoll frische Basilikumblätter
- 125 ml Olivenöl
- 2 – 3 EL Pinienkerne
- 100 g Parmesan, frisch gerieben
- 2 – 3 Knoblauchzehen
- Salz

Die Basilikumblätter waschen und trockentupfen. Den Knoblauch schälen und durch die Presse drücken. Basilikum mit den Pinienkernen, dem Knoblauch und dem Olivenöl in einem Mörser fein zerstoßen (wer keinen Mörser hat, kann auch einen Pürierstab benutzen), bis ein glatter Brei entsteht. Anschließend den geriebenen Käse einrühren. Mit Salz abschmecken. Diese Soße passt am besten zu Spagetti. Die Nudeln werden al dente gekocht, abgegossen und sofort mit dem Pesto vermischt. Das Pesto wird nicht extra erhitzt.

SMART

Schon gewusst?

Im Ayurveda ist das Basilikum eine wichtige Heilpflanze, die Herz und Geist öffnet. Duftforscher haben herausgefunden, dass Basilikum die Gehirntätigkeit anregen kann. Zerkleinertes Basilikum wurde früher als Mittel gegen Schlangenbisse und Mückenstiche verwendet. Ein daraus bereiteter Tee hilft gegen Magen- und Darmbeschwerden. Nach der Entbindung soll das Kauen von Basilikumblättern die Milchproduktion anregen.

Borretsch *(Borago officinalis)*

- Einjährige Pflanze
- Blätter und Blüten essbar
- Sonniger bis halbschattiger Standort
- Nährstoffreicher, durchlässiger Boden
- Pflanzabstand 40 – 50 cm
- Höhe bis 90 cm

Diese hübsche, auch Gurkenkraut genannte Pflanze mit den haarigen Blättern und den blauen Blüten gilt schon seit jeher als wirksames Mittel gegen Depressionen und als belebend für den Geist.
Borretsch ist eine einjährige Pflanze und kann im Frühjahr ab April direkt ins Freiland gesät werden. Es empfiehlt sich bis Juni noch mehrfach nachzusäen, um immer zarte Blätter ernten zu können. Gelegentlich wird Borretsch von Mehltau befallen, was durch zu dicht stehende Pflanzen begünstigt wird. Daher frühzeitig vereinzeln! Der Boden sollte immer gut feucht gehalten werden.
Da sich die Pflanzen sehr leicht selber aussäen, kann man sich jedes Jahr aufs Neue an ihnen erfreuen. Achten Sie aber darauf, dass sie nicht alles überwuchern, und dünnen Sie rechtzeitig aus. Ziehen Sie im Herbst die Pflanzen nach dem ersten Frost aus dem Boden und geben Sie sie auf den Kompost.
Die weichen Blätter des Borretsch sind mit grünen, borstigen Härchen besetzt. Beim Zerreiben verströmen sie einen Duft nach Gurke. Geerntet werden sollten nur die jungen Blättchen. Etwa von Mai bis August erscheinen immer wieder neue Blütenstände mit den dekorativen blauen Blütensternen.

SMART Tipp

Sehr dekorativ ist es, wenn Sie die Blüten einzeln in Eiswürfel einfrieren und zum Kühlen von sommerlichen Getränken verwenden.

Die blauen Blütensterne *des Borretsch sind essbar und besonders dekorativ. Sie passen zu Salaten und Gemüse.*

Dill *(Anethum graveolens)*

- Einjährige Pflanze
- Blätter und Samen essbar
- Sonniger Standort
- Lockerer, durchlässiger Boden
- Pflanzabstand 30 – 40 cm
- Höhe bis 1 m

Unverwechselbar in Aussehen und Aroma ist der Dill mit seinen zarten, filigranen Blättchen und den goldgelben, luftigen Blütendolden. Und nicht nur die würzigen Blätter, sondern auch die Samen des Dills können Sie in der Küche verwenden. Wenn Sie Dill selber anbauen möchten, ziehen Sie ihn aus Samen. Kaufen Sie keine Pflanzen, da diese Pfahlwurzeln bilden und beim Verpflanzen nur schlecht wieder anwurzeln.

SMART Tipp

Wenn Sie im Herbst einige Dolden an den Pflanzen belassen, sät sich Dill selber aus und sichert Ihnen die Ernte fürs nächste Jahr.

Dill braucht viel Platz *und wird daher am besten in den Garten gepflanzt.*

Dill gedeiht am besten in der vollen Sonne. Da er viel Platz benötigt, ist er nur bedingt für die Kultivierung in Töpfen geeignet.
Ab April kann Dill breitwürfig oder in Reihen ausgesät werden. Wenn Sie bis August alle drei bis vier Wochen erneut aussäen, haben Sie bis zum Herbst immer frisches Grün zur Verfügung. Diese Pflanze verträgt absolut keine Staunässe, dagegen gedeiht sie auch auf mageren Böden.

Volles Aroma

Die Blätter werden geerntet, solange sie jung sind, und sofort verarbeitet. Getrocknet verlieren sie ihr Aroma. Wenn Sie Dill konservieren möchten, frieren Sie ihn ein oder legen Sie ihn in Essig ein. Dadurch erhalten Sie gleichzeitig einen aromatischen Gewürzessig, der in der Küche vielseitig einsetzbar ist. Die Samen werden geerntet, sobald sie braun geworden sind. ●

Estragon *(Artemisia dracunculus)*

- Mehrjährige Pflanze
- Blätter essbar
- Sonniger bis halbschattiger Standort
- Humoser, durchlässiger Boden
- Pflanzabstand 40 – 50 cm
- Höhe bis 60 cm

Estragon ist ein typisches Gewürzkraut der französischen Küche. Er ist nahe mit Beifuß und Wermut verwandt, enthält aber im Gegensatz zu ihnen keine Bitterstoffe und ist daher als Gewürz geeignet.

***Wird Estragon im Topf gezogen,** muss dieser ausreichend groß sein und eine gute Drainage besitzen.*

Es gibt zwei Formen von Estragon: den Russischen und den Französischen Estragon. Der Russische ist weniger aromatisch als der Französische. Seine duftenden, lanzettlichen Blätter sind behaart. Die unscheinbaren gelbgrünen Blüten erscheinen in Rispen von August bis Oktober. Die Pflanzen lassen sich durch Samen vermehren.
Der Französische Estragon ist besonders aromatisch und daher dem Russischen auf alle Fälle vorzuziehen. Achten Sie aber auf einen wärmeren, geschützten Platz zum Gedeihen. Die Blätter sind unbehaart und er bildet keine Blüten und daher auch keine Samen. Er lässt sich nur durch Teilung und durch Stecklinge vermehren.

Pflege

Bei trockenem Wetter müssen Sie die Estragon-Pflanze gut wässern, es darf aber auf keinen Fall Staunässe entstehen. Damit die Erde genug Feuchtigkeit speichern kann, sollten Sie reichlich Kompost einarbeiten.

Der Russische Estragon ist sehr widerstandsfähig, jedoch weniger aromatisch als der Französische Estragon.

Die Pflanzen sind bei uns nur bedingt winterhart. Deshalb kann es erforderlich sein, die Wurzeln im Winter in kalten Gegenden mit Stroh oder Reisig abzudecken. Zuvor werden die Pflanzen dicht über dem Boden abgeschnitten.
Soll Estragon im Topf gezogen werden, muss dieser ausreichend groß und mit einer guten Drainage versehen sein. Die Wurzeln vertragen keine Staunässe, brauchen aber gleichmäßige Feuchtigkeit. Für die Kübelkultur ist daher ein Platz im Halbschatten besser, damit der Topf nicht so schnell austrocknet. Zum Überwintern stellen Sie den Topf an einen geschützten Platz und decken ihn mit Reisig ab.

Die bitteren Vettern

Der mit dem Estragon verwandte Beifuß *(Artemisia vulgaris)* wird auch als wilder Wermut bezeichnet. Aus den bitteren Blättern lässt sich ein Tee zubereiten, der die Gallensaftsekretion anregt.
Der Wermut *(Artemisia absinthium)* stellt mehr Ansprüche und benötigt fruchtbaren Boden. Aus ihm wird der als Absinth bezeichnete Kräuterschnaps hergestellt.

Vichysoisse

Ein typisch französisches Suppenrezept mit Estragon.
Zutaten für 4 bis 6 Personen:
3 Stangen Lauch
1 EL Butter
2 l Gemüsebrühe
4 große, mehlig kochende Kartoffeln
frische Estragonblätter, Menge nach Geschmack
Salz
Pfeffer
Saft einer halben Zitrone
2 Becher Sahne à 200 g
frischer Schnittlauch zum Garnieren

Den Lauch gründlich waschen und in 1,5 cm dicke Scheiben schneiden. In einem Suppentopf 1 EL Butter erwärmen und den Lauch darin anschwitzen. Mit der Gemüsebrühe angießen. Die Kartoffeln schälen und in kleine Würfel schneiden. Hinzugeben und alles zugedeckt etwa 30 Minuten köcheln lassen, bis Lauch und Kartoffeln weich sind. Anschließend mit dem Pürierstab zerkleinern und alles durch ein feines Sieb streichen. Die Estragonblätter fein wiegen.
Die Suppe mit Estragon, Salz, Pfeffer aus der Mühle und dem Zitronensaft abschmecken. Dann die Sahne dazugießen und einmal aufkochen lassen. Die Suppe erkalten lassen. Vor dem Servieren die Suppe kurz mit dem Schneebesen aufschlagen und mit grob gehacktem Schnittlauch bestreuen.

SMART Tipp

Nach drei bis vier Jahren sollten die Pflanzen verjüngt werden. Teilen Sie hierzu den Wurzelstock im Spätherbst oder Frühjahr und setzen Sie die Pflanzen an einem anderen Standort wieder ein.

Duftige Vielfalt

Wie bei vielen anderen Gartenpflanzen werden auch bei den Gartenkräutern immer neue Sorten und Züchtungen geschaffen, die besonders dekorativ aussehen, intensiv schmecken und exotisch duften. Eine besondere Formenvielfalt findet man bei Arten wie Basilikum, Minze, Salbei oder Thymian.

Die attraktiven Blattfarben des Salbei

Neben dem klassischen Garten-Salbei mit seinen graugrünen Blättern und den blauvioletten Blüten gibt es noch einige Sorten, die attraktiv gefärbte Blätter besitzen. Sie sind schöne Zierpflanzen im Garten.

Der Buntblättrige Salbei ist besonders attraktiv durch seine Blattfarben.

Buntblättriger Salbei: frostempfindliche Pflanze mit weiß-grün panaschierten Blättern, teilweise rosaviolett überhaucht, und violetten Blüten.
Purpur-Salbei: schwachwüchsige, winterharte Pflanze mit stark violett übertönten Blättern und violetten Blüten.
'Berggarten': winterharte Pflanze mit rundlichen, silbrig-grauen Blättern und blauvioletten Blüten.
Gold-Salbei: frostempfindliche Pflanze mit gelbgrünen Blättern und violetten Blüten.
Goldgrüner Salbei: sehr winterharte Pflanze mit gelbgrün gescheckten Blättern und blauvioletten Blüten.

Die aromatischen Schwestern der Minze

Auch bei den zur Gattung Minze gehörenden Kräutern gibt es eine Vielfalt an Arten und Kreuzungen, die sich sowohl in Wuchsform als auch im Aroma unterscheiden. Das typische Minze-Aroma kommt durch das ätherische Öl Menthol zustande. Wenn die Konzentration weniger hoch ist, kommen dann auch noch andere Düfte oder Aromastoffe zum Tragen.

Ananas-Minze: Ananas-Aroma; wollige, grüne Blätter mit hellen Flecken.
Apfel-Minze: schnell wuchernde Pflanze mit mildem Apfel-Minze-Aroma.
Edel-Minze: mildes, leicht parfümiertes Aroma und dunkelgrüne Blätter.
Ingwer-Minze: langsam wachsende Pflanze mit ingwerähnlichem Aroma und gelb gesprenkelten Blättern.
Pfeffer-Minze: hoher Menthol-Gehalt und typisches Pfefferminz-Aroma; hell- bis dunkelgrüne Blätter.

Die Ingwer-Minze besitzt gelb gefleckte Blätter. Ihr Aroma erinnert an Ingwer.

Schoko-Minze: Schokoaroma.
Spearmint-Minze: hoher Menthol-Gehalt und typisches Kaugummi-Aroma; dunkelgrüne Blätter.
Türkische Minze: intensives Minze-Aroma und krause, hellgrüne Blätter.

Die große Sortenvielfalt des Basilikum

Das großblättrige Genoveser Basilikum ist eines der wichtigsten Gewürzzutaten der italienischen Küche. Neue Sorten unterscheiden sich durch andere Blattformen und -farben und teils auch durch einen anderen Duft. Alle Sorten können aus Samen gezogen werden.
'Ararat': attraktives Aussehen mit rot-grün marmorierten Blättern und rosa-weißen Blütenrispen.
'Chianti': kräftige Pflanze mit derben, roten Blättern und einem würzigen Geschmack.
Griechisches Basilikum: kompakte, kleinblättrige Pflanze mit einem kräftigen Aroma.
'Palla compatto': stark verzweigte Pflanze mit sehr kleinen Blättern und dem typischen Basilikum-Aroma.
'Purple Delight': dekorative Pflanze mit schmalen, rot geaderten Blättern.
Riesenblättriges Basilikum: stark wüchsige Pflanze mit typischem Basilikum-Aroma.
Zimt-Basilikum: große, spitze Blätter mit Zimtaroma und rosa-weißen Blüten.
Zitronen-Basilikum: spitze Blätter mit Zitronenaroma, das zu Salaten und Süßspeisen passt.

Die farbenprächtigen Blüten des Thymian

Neben dem Garten-Thymian gibt es noch einige andere Arten und Sorten, die durch ihr dekoratives Aussehen oder einen besonderen Duft auffallen.

Feld-Thymian oder Quendel: kriechende Pflanze mit hellgrünen Blättern und Blüten in Weiß, Dunkelrosa oder Karminrot.
Gold-Thymian: aufrecht wachsende Pflanze mit gelbbunten Blättern und hellrosa Blüten.
Kümmel-Thymian: kriechende Pflanze mit rosa oder rotvioletten Blüten und kleinen Blättchen mit Kümmelduft.
Silber-Thymian: aufrecht wachsende Pflanze mit silber geränderten grauen Blättern und lavendelfarbenen Blüten.

Der Zitronen-Thymian blüht weiß oder hellrosa und duftet zitronenähnlich.

Zitronen-Thymian: aufrecht wachsende Pflanze mit weißen bis hellrosa Blüten und zitronenähnlichem Duft.

Kresse

Unter dem Begriff Kresse fallen einem verschiedene Pflanzen ein: die Brunnenkresse, die Kapuzinerkresse und die Gartenkresse. Ihre Verwendung in der Küche ist ähnlich, aber dennoch handelt es sich hierbei um drei ganz unterschiedliche Arten, die auch verschiedene Ansprüche an ihren Standort stellen.

Gartenkresse *(Lepidium sativum)*

Am bekanntesten ist wohl die Gartenkresse, die in sonnigen bis halbschattigen Lagen, selbst im Schatten auch auf mageren Böden gedeiht. Schon ab Anfang März können Sie Gartenkresse im Reihenabstand von 15 cm aussäen. Als Lichtkeimer werden die Samen nicht mit Erde bedeckt. Für eine laufende Ernte sollten Sie bis Ende September alle zehn Tage nachsäen.

Im Winter können Sie die Kresse auch auf der Fensterbank ziehen. Hierfür benötigen Sie nur eine Schale oder einen flachen Teller, legen darauf feuchte Watte oder Filterpapier und verteilen darüber die Samen. Nach drei bis fünf Tagen keimen sie schon. Sehr dekorativ sind Kresseigel. Sie bestehen aus einer Tonschale in Igelform, auf der man die Kresse ziehen kann (siehe auch Kinderseite am Ende des Buches).

Gartenkresse hat einen hohen Vitamin C-Gehalt und wird vor allem zum Verfeinern von Salaten und Soßen, zum Garnieren oder zusammen mit Quark als Brotbelag verwendet. Die im Haus in Schalen gezogenen kleinen Kressepflänzchen werden einfach mit einer Schere abgeschnitten und über den Salat oder aufs Brot gestreut.

Die Kulturdauer der Gartenkresse ist extrem kurz. Schon 12 bis 15 Tage nach der Aussaat können Sie ernten. Anhand der Blattform unterscheidet man klein- und großblättrige Sorten sowie solche mit einfachen und krausen Blättern.

Gartenkresse sollte nicht mehrere Jahre hintereinander auf demselben Beet gepflanzt werden. Wechseln Sie jedes Jahr den Standort.

***Die Gartenkresse** lässt sich auch gut in Schalen ziehen und wächst ausgesprochen schnell.*

Kapuzinerkresse *(Tropaeolum majus)*

Die Kapuzinerkresse bevorzugt sonnige Lagen und nicht nährstoffreiche, trockene Böden. Je magerer der Boden ist, umso mehr Blüten bilden sich. Die Pflanzen müssen im März im Gewächshaus oder auf der Fensterbank vorgezogen werden. Ende Mai werden die Jungpflanzen mit einem Abstand von 30 cm in den Garten gesetzt. Von Ende Mai bis Ende Juni können Sie auch direkt ins Freiland säen. Man unterscheidet Sorten mit kriechendem

Die leuchtend gefärbten Blüten der Kapuzinerkresse sind essbar – wie auch die Samen und Knospen.

Wuchs, die nicht höher als 40 cm werden, und solche mit kletternden Trieben, die eine Länge von 2,5 m erreichen. Wegen der starken Frostempfindlichkeit können die Pflanzen bei uns nur einjährig gezogen werden. Wie die Gartenkresse wird auch diese Art nur frisch verwendet. Die Blätter dienen zum Verfeinern von Salaten und Soßen sowie als Brotbelag. Sie haben ein etwas schärferes Aroma als die Gartenkresse. Die leuchtend orange, rot oder goldgelb gefärbten Blüten sind auch essbar. Sie blühen ab Ende Juni bis zum Frost. Geschlossene Knospen und unreife Samen lassen sich in Kräuteressig einlegen und dienen dann als Kapernersatz. Nicht zuletzt sind die leuchtend gelb bis orange gefärbten Blüten ein Blickfang im Garten.

Brunnenkresse *(Nasturtium officinale)*

Die Brunnenkresse braucht einen nassen und schattigen Standort. Somit ist sie auch geeignet als Bepflanzung für den Mini-Teich am Fuß der Kräuterspirale (siehe Seite 24). Von Ende Mai bis Anfang Juli können Sie die Brunnenkresse in wasserdichte Schalen aussäen. Sind die Pflanzen 5 cm groß, werden sie auf 15 cm Abstand pikiert. Am besten pflanzen Sie sie in einen Kasten, der bis zur Hälfte mit gut verrottetem Kompost gefüllt ist und füllen dann so viel Wasser auf, dass es 1 cm über der Erde steht. Die Haupterntezeit ist von Oktober bis Mai. Im Winter können Sie die Pflanze vor Frost schützen, indem Sie sie in tieferes Wasser wie zum Beispiel am Ufer eines Gartenteiches setzen. Die Brunnenkresse braucht zum Gedeihen unbedingt klares und sauberes Wasser. ●

Die Brunnenkresse benötigt einen nassen und schattigen Standort.

SMART

Schon gewusst?

Die Kapuzinerkresse hat antibiotische Wirkung. Sie wirkt blutreinigend und hilft bei Bronchitis, Grippe, Erkältungen und Infektionen der Harnwege. Bei übermäßigem Verzehr kann es aber zu Magen-Darm-Reizungen kommen.

Lavendel *(Lavandula angustifolia)*

- Mehrjährige Pflanze
- Blätter und Blüten essbar
- Sonniger Standort
- Magerer, kalkhaltiger, trockener Boden
- Pflanzabstand 50 cm
- Höhe bis 60 cm

Lavendel gehört zu den Stauden und ist eine pflegeleichte und dekorative Pflanze für trockene, sonnige Standorte. Der Duft von Lavendelblüten wirkt auf uns entspannend und schlaffördernd. In der Küche wird Lavendel vorwiegend für bestimmte Lamm- und Fischgerichte verwendet.

Diese typische Pflanze des Mittelmeerraumes wächst gerne auf steinigen, trockenen Standorten. Die Anpassung an sonniges, trockenes Klima erkennt man an den graugrünen bis silbrig erscheinenden, leicht filzigen Blättern.

Sowohl die Farbe der Blätter als auch die feinen Härchen schützen vor starker Sonneinstrahlung und reduzieren die Verdunstung auf ein Minimum.

Lavendelstauden neigen zum Verholzen. Schneiden Sie die Pflanzen daher gleich nach der Blüte im August kräftig zurück, damit sie schön buschig bleiben. Sie sollten die Pflanzen unbedingt im Winter schützen, da nicht alle Sorten gleich winterhart sind. Obwohl es sich um eine Staude handelt, kann es sein, dass Sie alle paar Jahre die Pflanzen erneuern müssen.

Geerntet wird kurz nach dem Aufbrechen der Blüten. Dann zwicken Sie die Triebspitzen und die jungen Blätter ab. Die Blütenernte erfolgt kurz nach dem Aufbrechen der Knospen.

Lavendel wird gerne zwischen Rosen gepflanzt, da er deren Resistenz gegen Mehltau erhöht.

Der blühende Lavendel *bringt mediterranes Flair in den Garten. Sein Duft wirkt entspannend und beruhigend.*

SMART Tipp

Werfen Sie einige Lavendelzweige in die Glut des Grills – sie verleihen dem Fleisch ein ganz besonderes Aroma.

Majoran *(Origanum majorana)*

- Einjährige Pflanze
- Blätter essbar
- Sonniger Standort
- Trockener, durchlässiger Boden
- Pflanzabstand 30 – 40 cm
- Höhe bis 60 cm

***Majoran kann** leicht mit Oregano, der auch Wilder Majoran genannt wird, verwechselt werden.*

Der Echte Majoran gehört zur selben Pflanzengattung wie der Oregano und wird auch häufig mit ihm verwechselt. Man kann ihn am besten während der Blüte vom Oregano unterscheiden, da die winzigen weißen oder rosa Blüten in kleinen, rundlichen Büscheln erscheinen. Majoran ist eigentlich eine mehrjährige Pflanze, da er aber sehr frostempfindlich ist, wird er bei uns nur einjährig gezogen. Majoran kann ab März auf der Fensterbank oder im Gewächshaus vorgezogen werden. Die Jungpflanzen werden auf drei bis vier Stück pro Topf pikiert, also vereinzelt, und dann auch als Büschel zusammen ausgepflanzt. Freilandaussaaten sind erst ab Mitte Mai möglich.

Ernten Sie Majoran, kurz bevor sich die Blüten vollständig öffnen, weil danach die Blätter einen bitteren Geschmack entwickeln können. Schneiden Sie die Triebe nicht tiefer als etwa 5 cm über dem Boden ab, damit die Pflanze erneut austreiben kann. Bei vorgezogenen Pflanzen ist eine zweite Ernte im September möglich. Majoran ist zum Trocknen sehr gut geeignet und in der Küche äußerst vielseitig einsetzbar. Er passt zu fast allen Arten von Fleisch und auch zu Kartoffelgerichten, Suppen und Eintöpfen. Er büßt sein Aroma beim Erhitzen nicht ein. Als Tee hilft er bei Magen- und Darmbeschwerden, bei hohem Blutdruck und Einschlafstörungen, bei Kopfschmerzen und Erkältungen. ●

SMART Tipp

Inhalieren von Majoran-Dämpfen hilft bei Bronchitis und verstopfter Nase.

Oregano *(Origanum vulgare)*

- Mehrjährige Pflanze
- Blätter essbar
- Sonniger Standort
- Magerer, trockener Boden
- Pflanzabstand 15 – 20 cm
- Höhe bis 60 cm

Der Oregano gilt als das wichtigste Kraut der mediterranen Küche. Man unterscheidet verschiedene Arten und Sorten, von denen einige leicht verholzende Halbsträucher, andere Stauden sind. Allen Oregano-Sorten gemeinsam sind die aromatischen Blätter.

Der heimische Oregano wird auch Dost oder Wilder Majoran genannt und wächst bei uns wild an Wegrändern und auf mageren, steinigen Böden. Die dunkelrosa Blüten erscheinen in dichten Trugdolden von Juli bis September. In dieser Zeit ist das Aroma am stärksten. Oregano eignet sich hervorragend zum Trocknen. Auch die Blütenstände können getrocknet und für dekorative Trockengestecke oder -sträuße verwendet werden. Allerdings ist das Aroma des einheimischen Oreganos als Gewürzkraut nicht so intensiv wie von den verschiedenen Arten und Sorten, die im Fachhandel zur Kultivierung im Garten oder in Töpfen angeboten werden. Sie besitzen eher das typische Aroma, wie wir es von der mediterranen Küche her kennen.
Suchen Sie im Fachhandel nach kräftigen Jungpflanzen der verschiedenen Arten, um sie in Ihr Kräuterbeet zu setzen oder auf Terrasse oder Balkon zu kultivieren. Am besten pflanzt man im Frühjahr, sobald die Gefahr von Nachtfrost vorüber ist. Oregano lässt sich sehr gut im Gemüsebeet kultivieren. Er ist ein idealer Partner für Möhren und alle Kohlarten.

***Der Griechische Oregano** besitzt das typische Aroma und ist ideal für die Küche geeignet.*

Pflege

Alle Oregano-Arten sind winterhart, brauchen einen sonnigen Standort und kommen mit sparsamem Gießen aus. Daher sind die teilweise sehr dekorativen Pflanzen auch für Steingärten geeignet. Werden die Pflanzen in

Der bei uns heimische Dost oder Wilde Majoran wächst an Wegrändern und auf mageren Böden.

Töpfen gezogen, müssen diese im Winter vor Frost geschützt werden.
Die meisten Arten eignen sich als Bodendecker oder für Einfassungen von Wegen oder Terrassen. Damit aber Nachbarpflanzen oder Wege nicht zu sehr von ihm überwuchert werden, sollten Sie Oregano spätestens am Ende der Saison stark zurückschneiden.

Große Auswahl an Sorten

Das klassische Aroma besitzt der Griechische Oregano, der graugrüne Blätter und weiße Blüten hat und ideal zum Kochen ist.
Die niedrig wachsende Sorte 'Compactum' besitzt auch aromatische Blätter mit starkem Duft und bildet rosa Blütenpolster. Sie kann wegen ihres niedrigen Wuchses im Garten auch als Bodendecker verwendet werden und lässt Unkraut keine Chance.
Die Sorte 'Aureum' hat ein mildes Aroma, dafür aber sehr dekorative goldfarbene Blätter und rosa Blüten. Sie gibt es auch in einer Version mit niedrigem Wuchs und krausen Blättern.
Die Sorte 'Herrenhausen' hat einen hohen, aufrechten Wuchs und bildet hübsche rotviolette Blüten und dunkelgrüne Blätter. Sie ist für Schmetterlinge besonders attraktiv. Der Kleinblättrige Oregano ist ein immergrüner Halbstrauch mit sehr aromatischen Blättern und weißen Blüten.

Stetige Ernte für Pizza & Co.

Blätter und Triebe des Oregano können vom Sommer bis zum Herbst laufend geerntet werden. Möchten Sie das Kraut trocknen, schneiden Sie es ab, wenn die Blüten erscheinen. Oregano darf auf keiner Pizza fehlen und passt zu Tomatengerichten, Kartoffeln, Hülsenfrüchten, Fleisch und Fisch. Er ist Bestandteil des im Handel erhältlichen Chili-Pulvers und gehört natürlich in eine echte Spagetti-Bolognese-Soße.

SMART

Schon gewusst?

Oregano wirkt gegen Appetitlosigkeit, Magen- und Darmbeschwerden und sogar bei Lebensmittelvergiftungen. Früher wurde er zusammen mit Olivenöl als Mittel gegen Zahnschmerzen eingesetzt.

Petersilie *(Petroselinum crispum)*

- Zweijährige Pflanze
- Blätter essbar
- Sonniger bis halbschattiger Standort
- Lockerer, nährstoffreicher Boden
- Pflanzabstand 20 cm
- Höhe bis 60 cm

Petersilie ist vermutlich das am häufigsten in deutschen Küchen verwendete Kraut. Man unterscheidet zwei Typen von Petersilie: die Krause und die Glatte Petersilie. Die Krause Petersilie besitzt dunkelgrüne, rüschenartige oder stark gekrauste Blätter und wird wegen ihres Aussehens gerne zum Garnieren von verschiedensten Speisen und Platten verwendet. Die Glatte Petersilie hat glatte, glänzende, dunkelgrüne, tief eingeschnittene Blätter und ein intensiveres Aroma als die Krause Petersilie. Daher ist sie als Gewürz in der Küche ihrer krausen Verwandten überlegen. Ihre Blätter lassen sich sowohl frisch als auch gefroren oder getrocknet verwenden.

***Die Krause Petersilie** ist ideal zum Garnieren geeignet und lässt sich gut im Topf ziehen.*

Aus der Wurzel der Glatten Petersilie können Sie außerdem Suppen zubereiten. In ganz feine Streifen geschnitten und frittiert (im Fachjargon häufig als „Stroh“ bezeichnet) ist sie eine raffinierte und zugleich äußerst dekorative Beilage oder Garnitur.

Anbau und Ernte

Petersilie benötigt einen nährstoffreichen Boden und gedeiht auch im Halbschatten. Sobald der Boden frostfrei ist, können Sie direkt ins Freiland aussäen. Die letzte Aussaat ist Mitte Juni möglich. Säen Sie am besten in Reihen mit einem Abstand von 20 cm und halten Sie den Boden während der Keimung gut feucht.
Wenn Sie Petersilie auf dem Balkon oder dem Fensterbrett ziehen möchten, kaufen Sie gesunde, kräftige Pflanzen mit dunkelgrünen Blättern. Die Wurzeln sollten nicht aus dem Topf unten herauswachsen.
In milden Regionen überstehen die Pflanzen den Winter draußen, wenn sie abgedeckt werden. Ansonsten

schneiden Sie im Herbst die Triebe auf 3 bis 4 cm Höhe ab, graben die Pflanze aus und setzen sie für die Winterernte in einen Topf, den Sie hell und warm stellen. Petersilie sollten Sie möglichst frisch geerntet sofort in der Küche verwenden. Pflücken Sie immer nur so viel, wie Sie gerade benötigen. Petersilie sollte nicht mitgekocht werden, sondern wird immer nur am Ende der Kochzeit über das Gericht gestreut oder eingerührt, da sonst die Blätter ihre Würze verlieren.

Kräuterbällchen *sind eine frische Vorspeise oder eine leckere Mahlzeit für zwischendurch.*

Die glatte Petersilie *hat ein intensiveres Aroma als ihre krause Verwandte.*

Kräuterbällchen

400 g Frischkäse
2 Bund frische Kräuter nach Geschmack (z. B. Petersilie, Schnittlauch, Dill)
Salz
weißer Pfeffer

Die Kräuter waschen, trockenschütteln und fein zerkleinern.
Den Frischkäse in einer Schüssel mit einer Gabel leicht zerdrücken. Die Kräuter unter den Frischkäse mischen. Mit Pfeffer und Salz abschmecken. Die Masse mit einem Löffel abstechen und in der Hand zu kleinen Kugeln formen. Die fertigen Bällchen können Sie noch in frischen Kräutern wälzen – das sieht sehr dekorativ aus. Auf einer Platte anordnen und mit frischem Weißbrot servieren.

Natürliches Schönheitsmittel

Innerlich angewandt wirkt Petersilie hautklärend und fördert einen zarten Teint. Sie können aber auch Dampfbäder oder Kompressen mit getrockneter Petersilie äußerlich anwenden. Das hilft bei fettiger und unreiner Haut. Augenkompressen lindern brennende Augen. Außerdem soll Petersilienwasser ein Mittel gegen Sommersprossen sein.

SMART

Schon gewusst?

Frische Petersilienblätter enthalten sehr viel Vitamin C. Außerdem soll dieses Kraut blutreinigend wirken.

Rosmarin *(Rosmarinus officinalis)*

- Mehrjährige, immergrüne Pflanze
- Blätter essbar
- Sonniger Standort
- Durchlässiger, kalkhaltiger Boden
- Pflanzabstand 60 cm
- Höhe bis 150 cm

Rosmarin gehört zu den verholzenden Stauden und sieht von weitem betrachtet mit seinen immergrünen Blättern fast wie ein Nadelgehölz aus. Zerreibt man die Blätter zwischen den Fingern, verströmen sie einen intensiven Duft nach Harz, Kampfer und Kiefer. Von März bis Juni, bei manchen Sorten auch erst im Spätsommer oder Herbst, erscheinen die zarten, weißen oder rosa Blüten.
Rosmarin auszusäen lohnt sich nicht. Kaufen Sie kräftige, kompakte Pflanzen in Töpfen mit mindestens 7,5 cm Durchmesser. Wenn Sie Rosmarin selber vermehren möchten, nehmen Sie im August Stecklinge ab. Da nicht alle Sorten gleich winterhart sind, erkundigen Sie sich nach geeigneten Züchtungen, die auch bei uns problemlos im Garten überwintert werden können. Decken Sie die Pflanzen im Winter mit Reisig oder Stroh ab.
Rosmarin braucht einen sonnigen, geschützten Standort. In dekorative Kübel gepflanzt eignet er sich auch als Blickfang neben der Haustür oder auf der Terrasse. Kübelpflanzen sollten Sie hell und frostfrei überwintern und nur wenig gießen, damit der Wurzelballen nicht austrocknet.

Schneiden Sie abgestorbene, lange Triebe im Frühjahr heraus. Alte Pflanzen können verjüngt werden, indem man sämtliche Triebe im Frühjahr um die Hälfte zurückschneidet.

Intensiver Aromaspender

Zum Ernten zwicken Sie neue Triebspitzen von bis zu 5 cm Länge ab. Dadurch

Diese Rosmarin-Sorte *hat sehr auffallende Blüten. Sowohl Blätter als auch Blüten des Rosmarin sind essbar.*

wird die Pflanze auch gleichzeitig buschiger. Rosmarin kann sowohl frisch als auch getrocknet in der Küche verwertet werden. Blüten und Blätter sind essbar. Durch Trocknen verlieren sie kaum etwas von ihrem intensiven Aroma. Rosmarin passt zu Fleisch und Wild, Suppen, Soßen und Eintöpfen sowie Kartoffel- und Pilzgerichten und vielem mehr.

***Rosmarin** verleiht gebratenen Kartoffeln ein ganz besonderes mediterranes Aroma.*

Rosmarin-Kartoffeln

500 g kleine Kartoffeln
1 Rosmarinzweig
4 El Olivenöl
20 g Butter
Salz, Pfeffer

Die Kartoffeln schälen und längs halbieren. Rosmarinnadeln abstreifen und etwas hacken. Olivenöl in einer Pfanne erhitzen und die Kartoffeln darin bei mittlerer Hitze in etwa 15 Minuten goldbraun braten. Dann Butter und Rosmarin zugeben und alles noch einmal 2 bis 3 Minuten mitbraten. Mit Salz und Pfeffer würzen und anrichten. Sollten Sie nur größere Kartoffeln zur Verfügung haben, diese besser vierteln oder achteln, damit sie in der angegebenen Zeit gar werden.

Rosmarin belebt Körper und Geist

Aromatherapeuten haben herausgefunden, dass Rosmarin-Duft die Konzentration verbessert und Müdigkeit bekämpft. Das kampferartige Aroma sorgt für eine leichtere und tiefere Atmung, wodurch die Sauerstoffversorgung im Körper erhöht wird. Träufeln Sie einfach etwas Rosmarinöl auf ein Baumwollläppchen und atmen Sie die Dämpfe etwa 20 Sekunden lang tief ein. Sie werden sofort die belebende Wirkung spüren. Rosmarin ist sehr vielseitig verwendbar. Eine Massage-Lotion, die Rosmarinöl enthält, fördert die Durchblutung. Nach dem Sport lindert das Waschen oder Baden mit Rosmarinzusätzen Muskelschmerzen und -verspannungen und belebt den Geist. Ein Vollbad mit Rosmarinblättern wirkt belebend und anregend.
Für ein wirksames Mittel bei Menstruationsbeschwerden, Nervosität und Appetitlosigkeit setzen Sie zwei Handvoll Rosmarinblätter mit einem Liter süßen Weißwein an. Nach einer Woche abfiltern und in eine Flasche füllen. Ein Likörgläschen davon am besten nach dem Essen einnehmen. ●

SMART

Schon gewusst?

Achtung: Das Aroma von Rosmarin ist sehr intensiv. Benutzen Sie es daher in der Küche eher sparsam.

Salbei *(Salvia officinalis)*

- Mehrjährige, immergrüne Pflanze
- Blätter essbar
- Sonniger Standort
- Durchlässiger, fruchtbarer Boden
- Pflanzabstand 40 – 60 cm
- Höhe bis 60 cm

Der Name „Salvia“ stammt von dem Lateinischen Wort „salvere“ für „gesund sein“. Und tatsächlich wurde Salbei schon seit der Antike als Heilpflanze geschätzt, lange bevor es als Küchenkraut genutzt wurde. Heute ist es auch ein wichtiges Gewürz der mediterranen Küche. Typisch für den Gartensalbei sind die graugrünen, filzigen Blätter und die langen, blauvioletten Blütenähren, die im Juni/Juli erscheinen. Es gibt aber noch eine Reihe von Sorten, die durch ihr buntes Laub sehr dekorativ sind (siehe Seite 118).

Salbei kann zwar ausgesät werden, es empfiehlt sich aber kräftige Pflanzen zu kaufen und sie später durch Stecklinge zu vermehren.

Die Blüten eignen sich zum Trocknen und können für Trockengestecke verwendet werden. Wenn Sie die Blüten abschneiden, fördern Sie eine zweite Blüte und einen buschigen Wuchs.

Schneiden Sie die Pflanzen im Frühjahr zurück. Ältere Pflanzen, die stark verholzt und kahl werden, graben Sie am besten aus und werfen Sie auf den Kompost.

Im Herbst werden die Triebe bis zur Hälfte abgeschnitten und die Pflanze wird mit Reisig oder Mulch vor Frost geschützt.

***Salbei** gedeiht am besten an sonnigen Standorten. Die Blüten lassen sich gut trocknen und für Gestecke verwenden.*

Würziger Begleiter von Fisch und Fleisch

Salbei lässt sich gut trocknen. Allerdings müssen die recht derben Blätter sehr sorgfältig und langsam an einem schattigen, luftigen Ort getrocknet werden, da sie schnell schimmeln. Sie können ihn aber auch einfrieren oder in Öl einlegen. Ernten Sie Salbei an sonnigen Tagen und am späten Nachmittag, dann ist sein Gehalt an ätherischen Ölen am höchsten.

Salbei passt gut zu Fischgerichten sowie zu Lamm,

Schwein, Kaninchen, Wild, Geflügel und Innereien. Auch zur Zubereitung von Brotaufstrichen mit Quark oder von Kräuterbutter ist er geeignet. Wegen des intensiven Aromas sollten Sie ihn sparsam verwenden. Ein Blatt soll zum Würzen eines ganzen Schweinebratens ausreichen. Probieren Sie auch einmal frittierte Salbeiblätter. Salbei ist häufig in Rezepten zum Einlegen von Fleisch aufgeführt. Auch eignet er sich als Gewürzkraut für eingelegte Gurken. Er verleiht Tomatensalat eine ganz eigene Note und passt sogar auf Pizza oder zu Nudelgerichten.

SMART

Schon gewusst?

- In der Antike sollte ein Auszug aus Salbei ein gutes Gedächtnis erhalten und die Lebenserwartung erhöhen. So wurde diese Pflanze auch schon als das „Kraut der Unsterblichen" bezeichnet.
- Gurgeln mit Salbeiblättertee lindert Halsweh. Wenn man ihn trinkt, hilft er bei Magen-Darm-Störungen und bei Menstruationsbeschwerden.

***Zum Ernten** werden die Salbeitriebe am besten mit einer Schere abgeschnitten.*

Salbeibutter

100 g Butter
etwa 10 bis 12 Salbeiblätter

Die Butter in einer Pfanne schmelzen. Die Salbeiblätter in feine Streifen schneiden. In der Butter bei mittlerer Hitze braten, bis die Butter leicht braun geworden ist. Passt gut zu Gnocchi und allen Arten von Ravioli. Einfach die Teigwaren vor dem Servieren in der Salbeibutter schwenken.

Neben dem Gartensalbei sind für den Hobbygärtner noch drei andere Salbei-Arten interessant:

- **Der Ananas-Salbei *(Salvia elegans)*** besitzt hellgrüne Blätter mit nach Ananas duftendem Aroma und hellrote Blüten. Die bis zu 90 cm groß werdenden Pflanzen sind frostempfindlich und müssen entsprechend überwintert werden.
- **Der Lavendelblättrige Salbei *(Salvia lavandulifolia)*** ist ein niedriger Halbstrauch mit schmalen, blaugrünen Blättern und blauvioletten Blüten.
- **Der Muskateller-Salbei *(Salvia sclarea)*** ist zweijährig und bildet im ersten Jahr nach der Aussaat nur eine Blattrosette. Im zweiten Jahr erscheinen die bis zu 1 m hohen Triebe mit langen Blütenrispen in Weiß, Rosa oder Violett. Die Blätter duften beim Zerreiben nach Muskateller. Beste Zeit für die Aussaat ist der Juli.

Schnittlauch *(Allium schoenoprasum)*

- Mehrjährige Pflanze
- Stiele essbar
- Sonniger oder halbschattiger Standort
- Nährstoffreiche, leicht feuchte Erde
- Pflanzabstand 20 – 30 cm
- Höhe bis 40 cm

Schnittlauch gehört zu den Lauchgewächsen und ist somit eng verwandt mit Zwiebel, Schalotte, Knoblauch und Porree. Das erkennt man an den runden, hohlen Stielen, den kugelförmigen, hellvioletten Blütenständen und natürlich am Aroma, wenn man die Triebe in Röllchen geschnitten über Salate und warme Speisen streut oder einfach auf einem Butterbrot genießt. Sie können Schnittlauch ab Februar auf der Fensterbank oder im Frühbeet aus Samen vorziehen. Ab April/ Mai ist eine Aussaat direkt ins Freiland möglich. Wenn Sie nicht so lange auf eine Ernte warten wollen, kaufen Sie kräftige Pflanzen in Töpfen, die Sie auf den Balkon oder die Fensterbank stellen oder direkt in den Garten setzen. Schnittlauch verträgt sowohl Sonne als auch Halbschatten, braucht aber immer ausreichend feuchte Erde. Eine Düngung mit Kompost oder Mist erfolgt am besten im Herbst. Kräftige Pflanzen können Sie im Frühjahr durch Teilen des Wurzelstockes vermehren. Da der Schnittlauch zu den Zwiebelgewächsen gehört, sterben die oberirdischen Pflanzenteile im Herbst ab, um dann im Frühjahr neue Triebe zu bilden. Möchten Sie eine üppige Ernte, sollten Sie die Blütenköpfe entfernen.

***Die kugeligen violetten Blütenstände** des Schnittlauchs sehen äußerst dekorativ aus.*

Frischer Vitamin C-Spender

Verwenden Sie Schnittlauch in der Küche immer frisch - zum Trocknen ist er nämlich nicht geeignet. Falls Sie etwas Vorrat anlegen möch-

Die Grüne Soße *ist eine berühmte Frankfurter Spezialität, die aus mindestens sieben verschiedenen frischen Kräutern besteht.*

ten, können Sie Schnittlauch gut einfrieren. Hierfür sollten Sie die Halme in kleine Röllchen schneiden und diese portionsweise in kleinen Bechern oder Eiswürfelschalen einfrieren. Schnittlauch enthält viel Vitamin C und eine Reihe wichtiger Mineralstoffe. Er wird nicht mitgekocht, sondern immer erst über das fertige Gericht gestreut. Schnittlauch schmeckt lecker in Verbindung mit Quark oder Frischkäse als Brotbelag und passt sehr gut zu Rührei sowie zu allen Salatsoßen, Gemüse- und Kartoffelgerichten, Suppen und auch Fleisch und Fisch.

Grüne Soße

In die berühmte Frankfurter Grüne Soße („Grie Soß"), gehören mindestens sieben verschiedene Kräuter: Borretsch, Kerbel, Petersilie, Pimpinelle, Sauerampfer, Schnittlauch und Zitronenmelisse. Es gibt auch Rezepte, bei denen noch Estragon, Dill, Kresse, Liebstöckel oder Salbei ergänzt werden.

Grundrezept Grüne Soße:

300 g Kräuter
2 Zwiebeln
4 Eier, hart gekocht
1 EL Essig
2 EL Öl
1/4 l saure Sahne
150 g Jogurt
1 Prise Zucker
Salz, Pfeffer

Die Kräuter verlesen, gründlich waschen und abtropfen lassen. Die Zwiebeln schälen und zusammen mit den Kräutern sehr fein hacken. Mit Essig, Öl, saurer Sahne und Jogurt verrühren und mit Salz und Pfeffer würzen. Mindestens 1 Stunde durchziehen lassen. Dann die hart gekochten Eier pellen, grob hacken und unterrühren. Nochmals mit Salz, Pfeffer und eventuell Zucker abschmecken. Wird traditionell zu Pellkartoffeln gegessen, passt aber auch zu Fleisch oder Fisch.

SMART Tipp

Ernten Sie von einer Pflanze höchstens die Hälfte der Halme auf einmal und warten Sie mit der nächsten Ernte, bis diese wieder nachgewachsen sind. Haben Sie viel Bedarf an Schnittlauch, sollten Sie sich mehrere Töpfe zulegen. Werden die Halme im Laufe der Zeit immer dünner, setzen Sie die Pflanze – wenn möglich – in den Garten.

Thymian *(Thymus vulgaris)*

- Mehrjährige, immergrüne Pflanze
- Blüten und Blätter essbar
- Sonniger Standort
- Lockerer, durchlässiger Boden
- Pflanzabstand 20 – 30 cm
- Höhe bis 20 cm

Thymian ist nicht nur ein unentbehrliches Küchenkraut, sondern auch eine attraktive Gartenpflanze. Es gibt ihn als aufrecht wachsenden Halbstrauch und als Bodendecker. Über hundert verschiedene Thymianarten und -sorten sind bekannt. Einige davon sind auf Seite 39 beschrieben.
Thymian lässt sich zwar auch aus Samen ziehen, besser kauft man aber kräftige Jungpflanzen und setzt sie direkt in den Garten oder kultiviert sie auf Terrasse oder Balkon. Thymian verträgt absolut keine Staunässe, da er sehr anfällig für Wurzelfäule ist. Daher sollte er nur auf lockeren, durchlässigen Boden gepflanzt werden.
Beim Kauf von Thymianpflanzen achten Sie auf kräftige, buschige, reich verzweigte Pflanzen.
Schneiden Sie im Frühjahr und Sommer die Triebe zurück, um eine zu starke Verholzung zu verhindern und das Wachstum frischer, junger Triebe zu fördern.
Zu stark verholzte Pflanzen sollten durch neue ersetzt werden. Außerdem erfrieren die verholzten Triebe älterer Pflanzen schneller bei strengem Winterwetter. Daher lassen sich auch regelmäßig zurückgeschnittene Pflanzen besser überwintern. In rauen Lagen sollten Sie die Pflanzen im Winter mit Laub oder Kompost, in nasskalten Gegenden eher mit Reisig abdecken.
Schneiden Sie im Frühjahr alle erfrorenen Triebe ab. Auch wenn die Pflanze tot aussieht, warten Sie lieber eine Zeit, da sie durchaus noch austreiben kann.
In Töpfen gezogene Thymian-Pflanzen sollten im Win-

***Thymian** braucht viel Sonne und verträgt absolut keine Staunässe. Im Frühjahr werden die Triebe zurückgeschnitten.*

ter ins Haus geholt werden. Im Spätsommer können Sie auch Stecklinge schneiden. Wählen Sie dazu gesunde Triebe mit vier bis sechs Blättchen aus.

Vielseitiger Aromaspender

Die Blätter und Blüten des Thymian werden am besten in den frühen Morgenstunden geerntet.
Sollen die Blätter getrocknet werden, werden sie möglichst kurz vor der Blüte abgeschnitten. Die Blüten haben ein ähnliches, aber milderes Aroma als die Blätter. Sie eignen sich zum Dekorieren von Speisen. Thymian kann beim Zubereiten von Speisen ruhig mitgekocht oder mitgebraten werden. Sein Aroma leidet nicht darunter. Wegen der intensiven Würzkraft wird er nur in geringen Mengen dosiert. Thymian ist äußerst vielseitig einsetzbar und passt zu Salaten, Hülsenfrüchten, Gemüse und kräftigen Fleischgerichten. Auch gibt er vielen Soßen erst den richtigen Pfiff.

SMART Tipp

Wenn die Blätter braun werden, kann ein Pilzbefall die Ursache sein. Schneiden Sie dann einige Triebe aus der Pflanze heraus, damit mehr Luft und Sonnenlicht an das Pflanzeninnere gelangen können. Außerdem sollte nur sparsam gegossen werden.

***In diesem Topf** sind verschiedene Thymian-Sorten sehr dekorativ zusammengepflanzt.*

Thymian und Alexander der Große

Auf seinen Expeditionen badete Alexander der Große in einem Auszug aus Thymian, um seine Läuse loszuwerden. Bei den römischen Soldaten sollte ein Thymianbad die Kraft und Energie verbessern. Im antiken Griechenland tranken die armen Leute einen Auszug aus Thymian, Honig und Essig. Auch ältere Menschen tranken sehr viel Thymiantee, um ihren Geist zu stärken. Selbst heute schätzt man die nervenstärkende Wirkung eines Thymian-Bades. Der Tee wirkt stark desinfizierend und hilft bei verschiedenen Beschwerden der Verdauungsorgane. ●

Zitronenmelisse *(Melissa officinalis)*

- Mehrjährige Pflanze
- Blätter essbar
- Sonniger Standort
- Humoser, durchlässiger Boden
- Pflanzabstand 40 cm
- Höhe bis 1 m

Die Heilkraft der Zitronenmelisse wird schon seit dem Mittelalter geschätzt. Zu dieser Zeit war sie regelmäßig in Klostergärten zu finden. Seit 1611 wird der bekannte Melissengeist aus dieser Pflanze hergestellt. Die Heilwirkung ist vor allem auf die ätherischen Öle sowie die Gerb- und Bitterstoffe zurückzuführen.
Zitronenmelisse kann ab März im Haus vorgezogen werden. Dabei reichen zwei bis drei Samenkörner pro Topf aus. Ab April können die Jungpflanzen dann in den Garten gesetzt werden. Wenn Sie Pflanzen kaufen, achten Sie auf buschigen, kompakten Wuchs und kräftige grüne Blätter.
Im Garten reichen meist ein bis zwei Pflanzen aus, um den Haushalt mit Zitronenmelisse zu versorgen. Da die Pflanze wuchert und sich auch selber aussät, werden Sie später immer Zitronenmelisse in Ihrem Garten haben. Wählen Sie einen sonnigen bis halbschattigen Standort, wo das starke Wuchern der Pflanze nicht stört. Bieten Sie ihr gegebenenfalls Einhalt durch Steinplatten oder andere Begrenzungen. Mulchen Sie regelmäßig mit Kompost.
Im Herbst wird die Pflanze dicht über dem Boden abgeschnitten. In sehr kalten Gegenden empfiehlt sich im Winter ein Abdecken mit Stroh. Sollte die Pflanze zu groß geworden sein, stechen Sie im Frühjahr einfach überschüssige Teile ab. Im Juli/August erscheinen die weißen Blüten. Kurz vor dem Aufblühen ist der Gehalt an ätherischen Ölen in den Blättern am größten.

Attraktive Kübelpflanze

Auch in großen Kübeln lässt sich Zitronenmelisse ziehen. Spätestens wenn die Pflanze vier Jahre alt ist, sollte sie

Zitronenmelisse *wuchert stark und sät sich auch selber aus. Daher sollte man ihrem Wuchs durch Begrenzungen Einhalt gebieten.*

aber aus dem Topf genommen, geteilt und in frische Erde gesetzt werden.
Zum Überwintern haben Sie verschiedene Möglichkeiten. In einem kühlen, hellen Raum behalten die Pflanzen ihre Blätter und können noch beerntet werden. Alternativ können Sie die Pflanze im Herbst radikal zurückschneiden und kühl und dunkel überwintern. Im Frühjahr an einen hellen Ort gestellt treibt sie dann wieder schnell aus. Mit entsprechendem Winterschutz kann man Kübelpflanzen sogar im Freien überwintern.

Duftig und dekorativ

Frische Blätter von Zitronenmelisse passen gut in Salate, aber auch zu Fisch- oder Wildgerichten. Einzelne Blätter oder ganze Triebe eignen sich hervorragend als hübsche Garnitur für Süßspeisen, Obstsalate, Bowlen, Liköre oder Mixgetränke. Sie können auch einzelne Blättchen in Eiswürfel einfrieren, um gekühlten Getränken ein feines Zitronenaroma zu verleihen.
Getrocknete Blätter sind für die Verwendung in der Küche nicht geeignet. Aus ihnen lässt sich aber gut Tee zubereiten. Als Küchengewürz sollte Zitronenmelisse lieber eingefroren werden. Bei der Zubereitung von warmen Speisen wird Zitronenmelisse nicht mitgekocht.
Tee aus Zitronenmelisse wirkt beruhigend und krampflösend und eignet sich auch als Badezusatz. Auch aus frischer Zitronenmelisse lässt sich Tee zubereiten. Geben Sie dann noch einige Lavendelblüten oder einen Thymianzweig für ein intensiveres Aroma hinzu. Bei warmen Gerichten wird Melisse nie mitgekocht, sondern erst sparsam kurz vor dem Servieren zugesetzt. Außerdem sollte man Melisse nur wenig schneiden oder zerhacken, damit nicht zu viel von ihrem Duft und Aroma verloren geht. Am besten zupft man nur die Blättchen ab und verwendet sie im Ganzen. Zitronenmelisse wird häufig als Zitronenersatz verwendet, wenn es nur um ein dezentes Zitronenaroma geht. In der Schweiz gibt es sogar einige Käsesorten, die mit Zitronenmelisse gewürzt werden.

SMART

Schon gewusst?

- **Ihren Namen hat die Zitronenmelisse erhalten, weil sie bei Berührung aromatisch nach Zitronen duftet. Sie wird sowohl als Küchenkraut wie auch zur Zubereitung von Tee verwendet.**
- **Der Name „Melissa“ bedeutet im Griechischen „Biene“ und deutet darauf hin, dass die Blüten der Pflanzen eine wichtige Bienenweide sind. Daher lassen Sie im Garten immer einige Triebe mit Blüten stehen.**

Mit Zitronenmelisse *oder auch mit Minze lassen sich erfrischende Getränke schön garnieren.*

Exotische Kräuter frisch auf den Tisch

Gewürz- und Teepflanzen erleben in den letzten Jahren einen regelrechten Boom. Viele wollen den bisherigen Essgewohnheiten die geschmackliche Vielfalt fremdländischer Kulturen entgegensetzen. Dazu kommt, dass der weltweite Tourismus die Reisenden in vielen Ländern der Erde mit den regionalen Küchen und natürlich ebenfalls mit deren besonderen Gewürzkräutern in Kontakt bringt.
So mancher, der „auf den Geschmack" gekommen ist, möchte Gerichte aus Afrika, Südamerika oder Fernost zubereiten. Doch das Nachkochen scheitert häufig daran, dass die typischen Kräuter oder Gewürze fehlen. Zwar kennt unsere Küche seit langem Pfeffer, Curry oder Muskatblüte als pulverisierte Gewürze, die frischen Kräuter als wesentliche Bestandteile der exotischen Küche fehlten jedoch bisher.
Diese Lücke schließen zahlreiche Anbieter von tropischen Gewürzkräutern zusehends. Ebenso wächst die Erfahrung mit der Kultur dieser Pflanzen unter mitteleuropäischen Verhältnissen. Tropische Kräuter bieten den Vorteil, dass sie häufig keine Winterruhe einlegen. Viele wachsen ganzjährig und lassen sich sogar während des Winterhalbjahrs in einem Topf im Haus ernten.

Asiatisch genießen

Aromen in der Balance

Erst mit Hilfe von geeigneten Gewürzen und frischen Kräutern schmecken Gerichte aus anderen Ländern authentisch. Exotische Kräuter würzen und garnieren aber auch deutsche Hausmannskost, Snacks und Fingerfood.

Unbeschreiblich und verwirrend erscheint uns Europäern die Vielfalt der indischen, mexikanischen und erst recht der südostasiatischen Küche. Dank des tropischen bis subtropischen Klimas steht ganzjährig eine breite Palette an Gemüse- und Obstarten zur Verfügung. Während wir Lauch und Zwiebeln, Tomaten und Paprika in den Gärten ziehen, kennt man in den Tropen und Subtropen Dutzende von Zwiebelarten und unzählige Varianten von Gewürz- und Gemüse-Paprika – jede Sorte mit etwas abweichendem Geschmack und anderen Zubereitungsformen. Gleiches gilt für die Vielzahl an Kohlarten und Salaten. Dazu liefern Früchte wie Jackfruit, Guaven, Mangos, Mangostane, Cherimoya, Rosenäpfel oder Durian überraschende Genüsse.

Durch den Teig der Frühlingsröllchen schimmert Korianderlaub.

Die Fünf-Elemente-Lehre

Vor allem in China und Südostasien bedeutet die schonende Zubereitung von frischen, aufeinander abgestimmten Zutaten pure Gaumenfreude. Wichtig für jedes Gericht ist die ausbalancierte Wirkung aller Bestandteile. Gemäß der traditionellen chinesischen Medizin wird bei den Speisen nach wärmender, kühlender oder neutraler Wirkung unterschieden, außerdem nach der Zugehörigkeit zu den Elementen Holz, Feuer, Erde, Metall und Wasser. Die Fünf-Elemente-Lehre besagt, dass

Getrocknete Gewürze, frische Kräuter und wohlschmeckende Früchte bereichern die fernöstliche Küche.

in jeder Mahlzeit der Anteil der erfrischenden und wärmenden Nahrungsmittel ausgewogen sein soll. Die wärmende oder kühlende Wirkung hat nichts mit der Serviertemperatur zu tun: So wirkt heißer Grüner Tee ebenso „kühlend" wie frische Tomaten oder Gurken, während zu den wärmenden Nahrungsmitteln Zwiebeln, Fenchel sowie viele Gewürze und Würzkräuter wie Ingwer und Meerrettich zählen. Wissenschaftlich nachweisen lassen sich diese Anschauungen nicht. Eines jedoch steht außer Zweifel: Zutaten, Zubereitung und die Feinabstimmung mit Gewürzen und Kräutern haben in der chinesischen Küche höchste Raffinesse erreicht.
Wir Europäer mit der eher bescheidenen Auswahl an traditionellen Würzzutaten können uns davon immer wieder inspirieren lassen. Dennoch sollte uns bewusst bleiben, dass wir hierzulande den ureigenen Geschmack afrikanischer, asiatischer oder südamerikanischer Gerichte kaum nachahmen können. In aller Regel steht uns die ganze Palette an Gewürzmischungen, Kräutern, Marinaden und Pasten nicht zur Verfügung, die in diesen Regionen für jeweils ganz bestimmte Zubereitungen zum Einsatz kommen.

SMART

Kraut oder Gewürz?

- **Von einem Küchenkraut** verwendet man Teile der frischen Pflanzen, egal ob Blätter, Blüten oder Wurzel.
- **Gewürze sind** getrocknete Pflanzenteile; ihre Wurzeln, Blätter, Samen oder Früchte stammen häufig von Pflanzen der Tropen. Durch das Trocknen bleiben sie länger haltbar.

Salatgrün aus Fernost

Asiatische Blattsalate schmecken köstlich und sehen appetitlich aus. Sie gedeihen problemlos auf dem Balkon oder im Garten.

Unüberschaubar groß ist die Vielzahl von asiatischen Kohlgewächsen. Viele liefern dank ihrer Senföle aromatisches Gemüse und würzige Salatkräuter. Ausgesät wird vom Frühjahr bis Hochsommer, in einem Kleingewächshaus können Sie auch noch im Herbst säen. Die Kulturdauer beträgt je nach Witterung drei bis acht Wochen. Länger sollten Sie die Pflanzen nicht auf dem Beet stehen lassen, sie fallen sonst auseinander und die Blätter werden unansehnlich. Alle asiatischen Salatkräuter brauchen lockeren, offenen, gepflegten Gartenboden. Kräftige Pflanzen erhalten Sie, wenn Sie in Multitopfplatten aussäen – oder Sie säen in Töpfe und pikieren die Pflanzen in Anzuchtplatten, sobald sich das erste richtige Laubblatt entwickelt. Sie können auch direkt auf das Beet in Reihen säen. Für Mini-Pak Choi empfiehlt sich das ohnehin, da er wegen seiner fleischigen Pfahlwurzel empfindlich auf das Umsetzen reagiert. Zu dicht stehende Pflanzen werden vereinzelt: Überzählige Pflanzen ziehen Sie vorsichtig aus der Erde und können Sie dann schon gleich in der Küche verwenden. Größere Einzelpflanzen brauchen einen Pflanzabstand von etwa 20 cm.

Bunte Blattsalate

Wegen ihres scharfen und recht intensiven Geschmacks passen diese Kräuter am besten zu grünem Salat. Gut schmecken sie als Mischung, in der die verschiedenen Blattformen und -farben schön zur Geltung kommen. Dazu bereiten Sie eine milde Vinaigrette aus Sesamöl, Limettensaft, Sojasoße, wenig Salz, frisch gemahlenem Pfeffer und etwas Honig.

Amchoi, Blattsenf

Brassica juncea* var. *rugosa

scharf bis intensiv

Dieser Blattkohl mit unregelmäßig ausgefransten Blatträndern besitzt ein senfscharfes Aroma, das zur Blütezeit die größte Intensität erreicht.

- **Kultur** Direktsaat in gut vorbereitete Gartenerde. Die Pflanze bildet unter Langtagbedingungen rasch Blütenstände, daher erst ab Juli säen.
- **Ernte** Blätter und Stängel nach Bedarf abschneiden und frisch verbrauchen.
- **Verwendung** Je nach Schärfe kleine Mengen in Blattsalate mischen. Der bittere Geschmack von älteren Blättern und Stängeln mildert sich durch Blanchieren.

Komatsuna, Senfspinat

Brassica rapa* var. *komatsuna

robustes Herbstgemüse

Diese Variante des China-Kohls besitzt große, feste Blätter mit fleischiger Mittelrippe.

▸ Kultur Aussaat ab Juni direkt aufs Beet. Unter einer Abdeckung wächst die relativ frostfeste Pflanze bis in den Winter hinein weiter. Pflanzen mit zunehmender Größe vereinzeln.

▸ Ernte Keimlinge lassen sich in Salaten verwenden, oder Sie schneiden nach Bedarf einzelne Blätter ab.

▸ Verwendung Die jungen Blätter roh in Blattsalat mischen oder im Wok kurz mitgaren. Ältere Blätter wie Spinat zubereiten.

Mizuna

Brassica rapa* var. *nipposinica

frisch wie Sauer-Ampfer

Grasgrüne, stark zerschlitzte und aufrecht stehende Blätter bilden dichte Rosetten. Sie schmecken leicht nach Senf. Mibuna hat dagegen riemenförmige Blätter mit kräftigerem Aroma, ist aber kälteempfindlicher.

▸ Kultur Anbau von April bis Anfang September. Gut entwickelte Pflanzen brauchen viel Platz (Abstand 40 cm).

▸ Ernte Voll entwickelte Blätter nach Bedarf abpflücken.

▸ Verwendung Junge Einzelblätter roh in Blatt- und gemischten Salaten, ausgewachsene Pflanzen komplett schneiden und dünsten.

Mini-Pak Choi

Brassica rapa* subsp. *chinensis

knackig mild

Der kleine chinesische Blattkohl hat fleischig-saftige Stiele und Blattrippen.

▸ Kultur Anbau vor allem im Spätsommer, da die Pflanzen aus früheren Aussaten zum Schossen neigen. Ab Juli direkt säen und dann vorsichtig auf 25 cm Abstand vereinzeln. Die kälteempfindliche Pflanze ab Oktober mit Vlies abdecken.

▸ Ernte Am besten die ganze Pflanze schneiden. Blätter, Stiele und Blattrippen getrennt verarbeiten.

▸ Verwendung Klein geschnitten als rohe Salatzutat. Ergibt in gröberen Stücken ein hervorragendes Wokgemüse.

Wandlungsfähiges Basilienkraut

Die Familie der Lippenblütler stellt einige der bekanntesten Küchenkräuter: Majoran, Thymian, Salbei, Basilikum, Zitronenmelisse und die Minzen gehören dazu. Das intensive Aroma beruht auf ätherischen Ölen, Zuckerverbindungen und Gerbstoffen. Unter den vielen Spielarten befinden sich dekorative Stauden und Halbsträucher für den Ziergarten.

Basilikum 'African Blue' besitzt violette Blütenähren und dunkle Blätter mit roten Adern.

Buntlaubige Sorten

Das gewöhnliche Genoveser Basilikum (*Ocimum basilicum*) hat sattgrüne, meist glatte Blätter. Es eignet sich ideal für Pesto und als Begleiter für Tomaten und Käse. Es gibt zahlreiche Auslesen mit gerüschtem Rand ('Crispum', 'Green Ruffles') oder mit braunroten Blättern ('Chianti', 'Dark Opal'), die sich im Geschmack nicht oder kaum wahrnehmbar unterscheiden. Etwas andere Nuancen besitzen Auslesen wie 'Anise' (mit dunkelgrünem Laub) und 'Cinnamom' mit Zimtnote. Alle Sorten brauchen zum Gedeihen Wärme, gleichmäßige Bodenfeuchte und gute Düngung. Um die Pflanzen ständig zu neuem Wachstum anzuregen, schneidet man für die Ernte immer ganze Triebstücke ab und entnimmt nicht nur einzelne Blätter. Eine wieder andere Duftnote liefert *Ocimum citriodorum*, das Zitronen-Basilikum. Die Blätter dieser einjährigen Art aus dem tropischen Ostasien aromatisieren Fisch und Meeresfrüchte.

Mindestens vier verschiedene Sorten vom Thai-Basilikum befinden sich derzeit im Angebot. Sie gehören zum Artkomplex *Ocimum basilicum* und haben weiße Blüten sowie glatte, deutlich gesägte Blätter von kräftiger Konsistenz. Der Geschmack fällt im Vergleich zum gewöhnlichen Basilikum schärfer und intensiver aus; er wird bisweilen als anisartig empfunden. Die Sorte 'Horapa' erhält wegen des süßlichen Duftes oft die Bezeichnung „Anis-Basilikum".
Hinter der Bezeichnung Tulsi oder Tulasi verbirgt sich die Art *Ocimum tenuiflorum* (Syn. *O. sanctum*). Der Halbstrauch trägt stark gesägte Blätter und rosalila Blüten. In Indien besitzt Tulsi als Heilkraut kultische Bedeutung. Man sagt der Pflanze nach, sie würde gegen fast jedes Leiden wirken, unter anderem soll sie bei Malaria helfen und die Blutreinigung unterstützen. Das runde, satte Aroma mit Spuren von Minze und Kampfer harmoniert gut mit Gemüse wie Karotten, Kürbis und mit Pilzgerichten.

Parade der Basilikum-Sorten: *Grünes und Krauses Basilikum, Zimt-Basilikum, Thai-Basilikum, Rotes Rubin und Genoveser.*

Ausdauerndes Basilikum

Mehrjährig wachsen die verschiedenen Formen des Strauch-Basilikums. Sie behalten im frostfreien Winterquartier ihre Blätter, sodass man sie ganzjährig beernten kann. Das dekorative Basilikum 'African Blue' hat rötliche Stiele und Blattadern sowie blaugrüne, länglich zugespitzte Blätter. An den Triebenden der gut 50 cm hohen Pflanze erscheinen violette Blüten in langen Ähren. Die Blätter sind im Vergleich zum gewöhnlichen Basilikum wesentlich fester; ihr Geschmack fällt überraschend herb und scharf aus. Das Kraut ergänzt Mittelmeergemüse wie Auberginen oder Zucchini, und es bereichert pürierte Suppen, Fischeintöpfe oder Ratatouille um eine interessante Note. Die gehackten Blätter werden erst kurz vor dem Servieren über die Speisen gestreut. 'Magic White' hat würzige Blätter und weiße Blütenstände. Als „Kubanisches Strauchbasilikum" wird eine zierliche, kompakte Auslese mit kleinen, hellgrünen Blättern angeboten. Eine einzige Pflanze liefert bestes Pesto-Kraut. Sie gedeiht sogar im Balkonkasten und kann auf dem Fensterbrett in der Küche überwintern.

SMART

Aroma-Tipp

- **Lippenblütler** entwickeln kurz vor der Blüte das intensivste und beste Aroma. Ein Ausknipsen der Triebspitzen verlängert den Zeitraum der Blatternte.

Salbei: von herb bis fruchtig

Salbei gehört zu den traditionellen Würzkräutern. Vom Echten Salbei (*Salvia officinalis*) gibt es buntlaubige Formen, die nicht nur im Kräuterbeet, sondern auch auf der Rabatte oder im Pflanzgefäß eine gute Figur machen.

Blätter mit Fruchtaroma

Die Blätter etlicher Salbei-Arten verströmen beim Reiben ein intensives Fruchtaroma. Zahlreiche Typen unterschiedlicher Herkunft haben in den letzten Jahren den Weg in die Pflanzensortimente gefunden. Sie ergeben hübsche Kübelpflanzen für die Terrasse oder den Balkon, da sie in aller Regel nicht winterhart sind.
Als attraktivste Art mag der Peruanische Salbei (*Salvia discolor*) gelten mit seinen großen, weißfilzigen Blättern und den schwarzvioletten Lippenblüten. Als Würzkraut eignet sich diese Art weniger. Der Pfirsich-Salbei (*Salvia greggii*) bietet hochrote oder gelbe Blüten mit langer Blütezeit und aromatische Blätter.
Sehr dekorativ wirkt außerdem der Schwarze-Johannisbeer-Salbei (*Salvia microphylla*) aus Mexiko. Der Kleinstrauch mit dunklen, zierlichen und spitz zulaufenden Blättern besticht durch seinen kompakten, dicht buschigen Wuchs. Er passt gut in ein gemischtes Staudenbeet und kommt auch im Balkonkasten zusammen mit Sommerblumen gut zur Geltung. Seine purpurroten Blüten riechen tatsächlich nach Schwarzer Johannisbeere! Sie eignen sich bestens für die Dekoration von Speisen, etwa Kräuterquark, pürierte Suppen sowie Dips für Grillfeste oder Raclette.

Salvia elegans 'Honey Melon' zeigt sich in Kultur recht anspruchslos.

Häufig schneiden und ernten

Viel Platz braucht dagegen der ausladende Frucht-Salbei (*Salvia dorisiana*). Seine weichen runzligen, hellgrünen Blätter geben bei der

Der Ananas-Salbei (*Salvia rutilans*) gedeiht in guter Topferde. Gelegentlicher Rückschnitt sorgt für kompakten Wuchs.

kleinsten Berührung ein angenehm fruchtiges Aroma ab. Die Pflanze braucht lockere, nährstoffreiche Erde und ständige Wassergaben. Der Frucht-Salbei wächst recht sparrig, die Triebe verholzen von der Basis her rasch. Rechtzeitiger Rückschnitt und häufiges Entspitzen wirken raschem Verkahlen und Vergreisen entgegen. Zierliche Blätter hat dagegen der Ananas-Salbei (*Salvia rutilans*). Er zeigt sich sowohl im Beet als auch im Topf recht wüchsig und liefert eine reiche Blatternte. Die länglich lanzettlichen Blätter sind glatt und fein gezähnt. Auch diese Pflanze sollten Sie großzügig zurückschneiden, um ihre Wuchskraft zu erhalten. Die grob gehackten Blätter aller Arten des Frucht-Salbei machen sich in indischen oder fernöstlichen Speisen gut, doch ihr Geschmack verliert sich bei der Zubereitung rasch. Süß-saure Soßen erhalten durch sie eine interessante Geschmacksnuance. Das Aroma passt außerdem zu Obstsalaten oder Süßspeisen wie Milchreis, Trifle oder Pudding. Aus *Salvia dorisiana* lässt sich dank des pfeffrig-fruchtigen Geschmacks auch ein aromatischer Tee bereiten. Exotische Salbei-Arten müssen im Winter an einem kühlen Platz im Haus stehen. Ein Rückschnitt, spätestens im Frühjahr, regt neues Wachstum an.

SMART

Tankstelle für Nützlinge

› **Alle Salbei-Arten** besitzen auffällige Lippenblüten, deren Nektarangebot vor allem für Wildbienen und Hummeln eine wichtige Nahrungsquelle darstellt.

Duft der Garküchen: Zitronengras

In Südostasien gehört das Zitronengras (*Cymbopogon citratus*) zu den universellen Würzkräutern. In fast jedem Garten wird es kultiviert, um es ständig frisch ernten zu können. Auch in Europa schätzt man mittlerweile das erfrischende Zitronenaroma mit leicht pfeffriger Note. Schon seit langem bieten Asia-Märkte getrocknete Stängel des Zitronenkrautes an: Sie schmecken allerdings im Vergleich zu dem frischen Kraut dumpf, da sich der Gehalt an ätherischen Ölen bei der Lagerung rasch verflüchtigt.

Die Pflanze wirkt mit ihren flachen, steifen, dunkelgrünen Blättern und den verdickten Blattbasen ähnlich wie Porree, bildet aber mit der Zeit dichte Horste aus. In Topfkultur erreicht sie rund 70 cm Höhe. Die bei uns kultivierten Formen entwickeln keine Blüten.

Als Gewürz verwendet man nur die Blattbasen, nicht die scharfrandigen Blätter. Wie Lorbeerblätter oder Galgantscheiben werden sie nur mit gekocht, aber nicht mit gegessen. Das grobfaserige Gewebe lässt sich nur mühsam zerkauen.

Dekorativ gebündelt: *Zitronengras auf einem Marktstand*

Zitronengras braucht das ganze Jahr über einen warmen, sonnigen Platz. Im Sommer gedeiht es in einem Topf am wärmsten Platz einer Terrasse prächtig, den Winter über bleibt der Zuwachs gering und die Blätter zeigen bald braune Ränder. Die Pflanze braucht wasserdurchlässige Topferde mit Sand- und Tonanteil. Das Substrat sollte nie austrocknen, in der Wachstumszeit muss regelmäßig gedüngt werden. Während des Sommers entwickeln sich an der Basis viele junge Seitensprosse, die Sie für die Vermehrung leicht abnehmen können.

Richtig zubreiten

Für die Ernte bricht man die äußeren Blattbasen heraus. Vor der Verwendung werden die verdickten Blattbasen gequetscht, um die Aromastoffe freizusetzen. Das geschieht am besten, indem

Im Topf gezogen, kann man das Zitronengras ganzjährig für Wokgerichte und Eintöpfe beernten.

Sie die Stängel auf ein Holzbrett legen und mit der Scheide eines großen Messers Druck ausüben. Zitronengras findet in zahlreichen ostasiatischen Gerichten Verwendung. Es gehört in Suppen mit Kokosnussmilch: Tom Kha Gai wird mit Hühnerfleisch zubereitet, die ansonsten ähnliche Tom Yam Gung enthält Krabben. Das Aroma passt hervorragend zu Eintopf- oder Wokgerichten mit Meeresfrüchten oder mit Huhn. Zum Aromatisieren von Pfirsich- oder Birnenkompott gibt man Zitronengras mit in die Kochflüssigkeit, am besten noch ergänzt durch Ingwer oder Fenchelsamen.

SMART

Köstliche Saté-Spieße mit Fleischbällchen

- **Mischen Sie Hackfleisch** mit einer klein geschnittenen Zwiebel und einem Ei.
- **Würzen Sie** mit Pfeffer, Salz, sehr fein geschnittenem Chili, Ringen von Zimmerknoblauch, gehacktem Blatt von Strauch-Basilikum oder Koriander.
- **Formen Sie daraus** kleine Bällchen, die Sie auf Stängel von Zitronengras spießen.
- **Traditionell** wird Saté (oder Satay) am Tisch gegrillt.
- **Dazu reicht** man Erdnusssoße und eine Vinaigrette, der man frische Kräuter und klein gehackte Gurken zusetzt.

Fernöstliche Aromenfülle

Rohes Gemüse reicht man in der asiatischen Küche häufig zusammen mit würzigen Soßen.

In Süd- und Südostasien kommen Salate, deren Zutaten weder gekocht noch blanchiert sind, selten auf den Tisch. Die Haltbarkeit wäre in dem tropisch warmen bis heißen Klima äußerst begrenzt. Dazu kommt das Risiko von Darmparasiten und Krankheitserregern, die nur durch Erhitzen unschädlich gemacht werden. Lieber serviert man aromatische rohe Stängel als Teil der Menutafel. Dazu gibt es zum Dippen die scharf-würzige Soße Nam Prik („Chili-Wasser"). Sie enthält getrocknete Garnelenpaste, mit Palmzucker zerriebene Chilis und Knoblauch. Das alles wird mit Fischsoße und Limettensaft glatt gerührt. Nam Prik passt außerdem gut zu Saté-Spießen (in Ergänzung zum Erdnussdip) und gebratenem oder getrocknetem Fisch.
Nicht nur als rohes Würzkraut schätzt man in Japan, Vietnam und Korea die Perilla (in Japan heißt sie Shiso). Eingelegtes Gemüse, das auf den Märkten in Folie eingeschweißt zum Verkauf bereit liegt, erhält seine intensive purpurrote Färbung von Perilla.

Shiso, Perilla

Perilla frutescens

einjährig, versamt sich leicht

Kraut und Blütenstände des Lippenblütlers finden in der japanischen Küche vielfältige Verwendung. Das füllige Aroma erinnert an Zimt, Kümmel, Zitrus und Koriander. Rote Perilla ist im Geschmack dezenter.

▸ **Kultur** Perilla braucht viel Wärme und gut durchlässigen Boden. Man sät sie direkt auf ein Beet im Freien. Eine Vorkultur in Topfplatten ist im Frühjahr möglich. Kleine Mengen können Sie ab August im Topf heranziehen, um noch bis Oktober ernten zu können. Die Pflanzen sterben bei Frost ab, versamen sich aber, sodass im Folgejahr wieder Pflanzen keimen.

▸ **Ernte** Keimlinge ziehen (z. B. vom Vereinzeln) und verwerten, Blätter nach Bedarf pflücken. Am besten die Spitzen auszwicken, um einen buschigeren Wuchs zu erzielen. Immer sofort verwerten, da das Kraut sehr schnell welkt.

▸ **Verwendung** Als aromatische Beimischung zu Salaten, Blätter und Blütenstände als Dekoration von Speisen. Rote Perilla zum Einfärben von Laken. In Japan gehört Grüne Perilla zu Sushi und Sashimi.

Houttuynia, Vap Ca

Houttuynia cordata

nur bedingt winterhart

In Südostasien schätzt man diese Staude mit fleischigen Trieben und herzförmigen Blättern sehr, bei westlichen Gourmets kommt sie weniger an. Ursprünglich in Japan heimisch, wächst sie inzwischen an vielen Stellen in Ostasien wild. Der Geschmack erinnert sehr an Koriander.

▸ Kultur Die Staude gedeiht in feuchtem Boden, in einem Sumpfbeet oder am Teichrand. Vor allem die Sorte 'Chamaeleon' mit ihren rot, gelb und grün gefleckten Blättern eignet sich als Zierpflanze, braucht aber einen sonnigen Platz. Im Juli/August erscheinen hübsche schneeweiße Blüten mit grüner Mitte. In milden Lagen ist die Staude in Mitteleuropa winterhart.

▸ Ernte Blätter oder ganze Stängel können Sie in geringen Mengen vom Frühling bis zum Herbst abnehmen. Je nach Herkunft fällt der Geschmack unterschiedlich aus.

▸ Verwendung In Vietnam dünstet man das gehackte Kraut mit Fisch und Huhn. Rohe Stängel werden mit anderem rohen Gemüse zusammen mit einer sehr scharfen Soße (Nam Prik) als Beilage gereicht.

Vietnamesischer Koriander

Persicaria odorata

frostempfindliche Staude

Das Knöterichgewächs befindet sich unter verschiedenen Bezeichnungen bei uns im Handel: Rau Ram, Vietnamesisches Basilikum, Laksablatt oder Wohlriechernder Knöterich. An fleischigen Trieben mit deutlichen Knoten sitzen längliche, spitz zulaufende Blätter, die eine violettbraune, V-förmige Zeichnung aufweisen.

▸ Kultur Das buschige Kraut gedeiht den Sommer gut in einem Wassertrog oder am Teichrand. Den Winter über muss es im Topf an einem hellen, nicht zu warmen Platz stehen. Die Stängelbasis verholzt bald, ein Rückschnitt regt die Bildung neuer Triebe an.

▸ Ernte Von der wüchsigen Pflanze nehmen Sie am besten ganze Triebstücke, nicht nur einzelne Blätter ab, um die Verzweigung zu fördern.

▸ Verwendung In Südostasien würzt das eigenwillige Kraut Salate mit Fleischstreifen, Kohlgerichte und Fischsuppen. Das Koriander-Aroma harmoniert mit Chili, Ingwer und Zitronengras. Rau Ram verträgt Kochen besser als Blatt-Koriander und wird bei der Zubereitung eine Weile mitgegart.

Kochen im Asia-Stil

Das umfassende Sinneserlebnis, das die südostasiatische Küche bereitet, beruht auf einer Fülle fein aufeinander abgestimmter Aromen. Neben Gewürzmischungen und Kräutern verwendet man verschiedene Grundsoßen und Pasten.

Bei der Zubereitung kommt es immer darauf an, die Frische des Gemüses und die Eigenheit des Fleisches zu bewahren. Beim Braten und Dünsten im Wok wird bei hoher Temperatur rasch gegart, die Hitzeeinwirkung bleibt auf das Notwendigste reduziert. Gemüse muss stets knackig bleiben, und vor allem müssen grüne Pflanzenteile ihre Farbe bewahren. Traditionell kocht man in Südostasien immer noch häufig über dem Holzkohlefeuer unter freiem Himmel. Der gusseiserne Wok erweist sich dabei als universelles Kochgerät zum Fritieren, Dünsten und Schmoren. Im Handel sind inzwischen bei uns technisch ausgereifte Elektro-Woks erhältlich, die beste Kochergebnisse liefern und hinterher leicht zu reinigen sind. Wo es an Stauraum für einen voluminösen Wok fehlt, leistet eine hochwertige Pfanne ebenfalls gute Dienste, sofern die Portionen begrenzt bleiben.

1 ◂ **Einfaches Wokgericht** mit Grünspargel und Pak Choi (oder Mangold). Zunächst werden Ingwer, rosa Schalotten und eine kleine rote Chilischote (alles klein gehackt) glasig gedünstet. Der in Stücke geschnittene Spargel wird unter Rühren 3 Minuten lang mitgegart. Man gibt die Pak-Choi-Stiele hinzu und nach weiteren 3 Minuten Rühren kommen die Blätter in den Wok. Gemüsefond, Teriyaki-Soße und Zimmerknoblauch sorgen für zusätzliche Würze. Garnieren Sie alles mit Korianderblättern.

2 ▲ **Mit einer reichhaltig** gedeckten Tafel wird in Südostasien jede Mahlzeit zum Ereignis. Eintöpfe, Suppen, Wokgerichte, Herbströllchen, verschiedene Salate, rohe Stängel, Dips und Soßen stehen gleichzeitig bereit. Jeder bedient sich nach Belieben und holt sich auf den Teller, wonach ihm gerade der Sinn steht. Gewürze und Kräuter werden nicht einfach willkürlich gemischt: Jede Region, jede Küche besitzt überlieferte Rezepte, wonach die Zutaten sowie die Art und Weise der Zubereitung festgelegt sind.

Mut zu neuartigem Würzen

Authentisch schmeckt es nur mit den geeigneten Soßen und Pasten: Soja- und Fischsoße sind unerlässlich, ebenso Curryzubereitungen und gerade für die thailändische Küche rote und grüne Currypaste (siehe Seite 158). Richtig liegen Sie, wenn Sie Gemüse der Saison in mundgerechte Stücke schneiden, im Wok dünsten, danach Kokosmilch aufgießen und die Brühe mit Zitronengras und Ingwer oder Galgant kurz aufkochen. Ergänzt um Cashewnüsse, die man kurz mitbrät, und garniert mit Blättern von Minze und Frucht-Salbei schmeckt das Gericht angenehm exotisch. Unbedingt zum Essen gehört gedämpfter Reis: Basmati- oder Duftreis bringt einen feinen Eigengeschmack mit. Klebreis dagegen lässt sich einfacher mit Stäbchen essen und passt besser zur milderen japanischen Küche.

Ingwer: Aroma und Medizin

In ganz Süd-, Südost und Ostasien wird „Ingwerwurzel" (*Zingiber officinale*) gerne und oft verwendet. Das komplexe Inhaltsstoffgemisch Gingerol sorgt für brennend scharfen Geschmack, fördert aber auch die Verdauung, stimuliert das Immunsystem, senkt den Cholesterinspiegel und wirkt gegen Übelkeit. Üblicherweise wird Ingwer zu Fisch gereicht, um den Fischgeruch zu überdecken. In Japan kennt man verschiedene saure oder süßsaure Zubereitungsformen für eingelegten Ingwer. Und in Korea gehört Ingwer zum sauer eingelegten Gemüse Kimchi. Über Indien kam die Vorliebe für Ingwer schließlich nach England. Dort, in der ehemaligen Kolonialmacht, würzt man allerlei pikante Gerichte und ebenso Gebäck mit Ingwer.
Das Rhizom, die unterirdische Sprossachse, wird bei uns frisch oder getrocknet angeboten. Die dünn geschnittenen Scheiben gibt man direkt an die Speisen. Von geriebenem Ingwer kann man den Saft abpressen, um Soßen und Dressings zu aromatisieren. Ähnlich wie Ingwer – nur mehr kampfer- und zitronenartig sauer – schmeckt Galgant (*Alpinia galanga*). Das große, knollige Rhizom ist gelbbraun gefärbt. Wegen der holzig-faserigen Konsistenz werden die Scheiben zwar mitgekocht, aber nicht verzehrt.

Der knospige Blütenstand des Ingwers besitzt auffällige Deckschuppen.

Ingwer als Kübelpflanze

Frisch gekaufte Rhizome sind keimfähig. Sowohl Ingwer mit seinem bambusähnlichen Wuchs als auch die ähnliche Safranwurz (*Curcuma roscoeana*) eignen sich als Zierpflanzen für Wintergärten und warme Blumenfenster. Sie brauchen tropische Temperaturen und stets feuchte Erde. Die Pflanzen gedeihen in tonhaltiger Topferde mit Sandzusatz; sie wollen warm, hell, aber geschützt vor direkter Sonne stehen. In den Tropen erreichen die Blattschäfte Höhen von rund 1,50 m, in Kultur fällt die Größe bescheidener aus. Mit etwas Glück schieben sich im Spätsommer die zapfenförmigen Blütenstände mit auffällig gefärbten Deckblättern empor. Daraus entwickeln sich gelbe Einzelblüten mit violetter Lippe. Die Blätter sterben im Spätherbst ab. Während der Ruhezeit müssen die Pflanzen völlig trocken stehen. Erst wenn sich erneut Blätter zeigen, wird wieder gegossen. In dieser Zeit kann man die Pflanzen umtopfen und bei Bedarf teilen.

Die Knollen des Ingwers bleiben geschält, getrocknet und gekalkt lange haltbar.

Scharfe Beilage

Die Japaner legen Ingwertriebe oder geraspeltes Rhizom sauer oder süßsauer ein. Perilla in der Lake sorgt für eine appetitliche Rotfärbung. Als Dekoration und Würzkraut verwendet man in Japan außerdem den Myoga-Ingwer (*Zingiber mioga*). Diese Art wächst in den Bergen Japans und in gemäßigten Regionen Chinas. Sie zeigt sich in Kultur relativ anspruchslos und wüchsig; sie hält sogar leichte Fröste aus. Die Japaner würzen viele Speisen mit Myoga: Klein gehackt streut man es über fertig gegarte Gerichte oder man reicht die zarten Triebe als Rohkost, zum Beispiel zu Sushi und Sashimi (siehe Seite 163). Der leicht scharfe Geschmack weist eine Spur von Orangenschalenaroma auf. Die abgenommenen Rhizomspitzen wachsen rasch wieder nach. Japaner schätzen auch die Blütenknospen, die sich knapp über dem Erdboden bereits im ersten Jahr entwickeln. Die Pflanzen ziehen im Spätherbst ein und sollten bis Anfang März kühl und nahezu trocken stehen.

SMART

Scharfes Naschwerk

- **Kandierter Ingwer** wird aus den jungen Knollen hergestellt, die noch nicht so viel Schärfe enthalten. Sie werden dafür in dickem Sirup gekocht, an der Luft getrocknet und in Zucker gewälzt.

Curry – polyglotte Mischung

Die Gewürzmischung Curry stammt ursprünglich aus dem indischen Raum, mittlerweile kennt man sie weltweit. Je nach Region und Verwendung enthält sie 10 bis 20 verschiedene Gewürze. Als Hauptbestandteil enthält Currypulver die Gelbwurzel (Kurkuma), die zugleich die gelbe Farbe ausmacht. Die weiteren Zutaten lesen sich wie das „Who's who" der weltweiten Gewürzhitliste: Ingwer, Pfeffer, Muskatnuss und Muskatblüte, Gewürznelken, Piment, Paprika, Chili, Zimt, Koriander, Kreuzkümmel, Kardamom, Zitronengras. Gelegentlich fügt man noch Senfsamen, Anis und Bockshornklee bei, die Blätter des Currybaumes (*Murraya koenigii*) werden seltener mit verwendet. Alle Zutaten werden so fein vermahlen, dass die einzelnen Gewürze nicht mehr zu erkennen sind.
Auch im Geschmack soll kein Gewürz hervortreten.
Hierzulande kennen wir fertig gemischtes Currypulver, das im Gewürzregal für gelegentliche Einsätze bereit steht. In Indien dagegen lassen sich Köche und Köchinnen ihre Currymischungen vom Gewürzhändler für bestimmte Speisen extra zusammenstellen. Entsprechend variiert die Färbung in allen Schattierungen zwischen Dottergelb, Ocker und Rotbraun.
Curry verwendet man traditionell zum Würzen von Reis, Hirse und Hülsenfrüchten. Tatsächlich besitzen diese stärkereichen Grundnahrungsmittel so wenig Eigenaroma, dass es intensiver Gewürze bedarf, um die Speisen interessanter zu machen. Außerdem harmoniert Curry gut mit Geflügel und gehört reichlich in die andalusische Paella.
Bedingt durch den Kurkuma-Anteil ist Curry lichtempfindlich. Es muss in lichtdichten Behältern aufbewahrt werden.

Fünf-Gewürze-Pulver

Das Fünf-Gewürze-Pulver verkörpert die in der chinesischen Esskulter so wichtige Ausgewogenheit der fünf Aromen (salzig, sauer, bitter, scharf und süß).

Diese chinesische Gewürzmischung enthält fein zermahlene schwarze Pfefferkörner, Sternanis, Fenchelsamen, Gewürznelken und Zimt.

Für Geflügel- und Fischgerichte eignet sie sich besonders gut. Sparsam würzt man damit Brühen und Marinaden.

Rotes und Grünes Curry

Die Aromenfülle der thailändischen Küche beruht auf den ausgewogenen Geschmacksnoten von Currypasten, Fisch- und Sojasoßen, Gewürz- und Kräutermischungen. Dazu kommen als Würze Garnelenpaste oder getrocknete Garnelen. Interessant und intensiv schmecken Wokgerichte

Curry-Mischungen weisen je nach Zutaten unterschiedliche Farbtöne auf.

oder Eintöpfe mit Roter oder Grüner Currypaste. Die Zubereitung bereitet im Mörser oder mit Hilfe eines Stabmixers wenig Mühe, sofern es gelingt, alle Zutaten zusammenzutragen (Rezept siehe Kasten). Die in der Regel besonders scharfe Grüne Currypaste passt gut zu Fisch und Meeresfrüchten, Huhn und Gemüse. Rotes Curry besteht aus ähnlichen Zutaten, nur eben aus roten Chilischoten, allerdings ohne die frischen Kräuter. Die rote Paste harmoniert bestens mit Rind, Wild, Ente und Schweinefleisch.

SMART

Rezept für Grünes Curry

› **Zutaten:**
15 kleine grüne Chilis,
2 TL Koriandersamen,
1 TL Kreuzkümmelsamen,
1 TL Garnelenpaste,
2 TL gehackter Galgant,
2 in Scheiben geschnittene Stängel Zitronengras,
3 zerdrückte Knoblauchzehen,
4 gehackte Schalotten,
1 TL schwarzer Pfeffer,
½ TL gemahlene Muskatnuss,
1 kleiner Bund Korianderkraut,
4 EL Thai-Basilikum
und die abgeriebene Schale einer Kaffirlimette.

Die Mischung wird im Mörser zu einer Paste verrührt. Die Schärfe lässt sich mildern, indem man weniger Chilis nimmt oder die Früchte entkernt.

Kräuter mit Curry-Geschmack

Ein durchdringendes Curry-Aroma besitzen nicht nur die Blätter des Currybaumes, sondern auch das Currykraut. Die beiden Pflanzen stehen in keiner verwandtschaftlichen Beziehung zueinander.

Der Currybaum, auch als Curryblatt (*Murraya koenigii*) bezeichnet, stammt aus Südasien. In Indien zieht man den Strauch oder Baum in den Hausgärten als Nutz- und als Zierpflanze. In den Tropen erreicht er Höhen von 6 m bei 5 m Breite. Hierzulande hält man das Curryblatt als Kübelpflanze, die im Winter einen entsprechenden Platz in einem temperierten Zimmer braucht. Die Temperaturen sollten dabei nicht unter 13 °C fallen. Die Pflanze trägt gefiederte Blätter mit spitz zulaufenden Fiederblättchen. Das dunkelgrüne Laub schmeckt leicht bitter und angenehm aromatisch mit leichter Zitrusnote; beim Zerreiben wird ein unverkennbarer Currygeruch freigesetzt. Keine Sorge, wenn die Pflanze im Winter ihr Laub verliert – das ist normal und sie werden nach kurzer Zeit wieder ersetzt. Bei guter Pflege entwickeln sich die weißen, sternförmigen Blüten in Büscheln. Mit der Zeit bilden sich Wurzelsprosse, die Sie für die Vermehrung leicht abnehmen können.

In der asiatischen Küche fügt man die Blätter während der Zubereitung den Speisen zu, entfernt sie jedoch vor dem Servieren. Vor allem Linsengerichte, Huhn- oder Lammcurrys würzt man in Indien und Sri Lanka mit dem Curryblatt. Verwenden Sie immer frisch gepflückte Blätter, das getrocknete Laub verliert sein Aroma rasch.

Das Curryblatt wirkt durch die langen, gefiederten Blätter dekorativ.

Currykraut schmückt Küchengärten und auch Staudenrabatten.

Curryduft für die Rabatte

Currykraut (*Helichrysum italicum*, *H. angustifolium*) trägt seinen Namen zu Recht: Es verströmt einen intensiven Currygeruch. Die Pflanze wächst wild an trockenen, heißen Standorten in Südeuropa. Der Strauch mit seinen aufstrebenden Trieben wird zur Blütezeit etwa 60 cm hoch. Die schmalen, länglichen, fast nadelartigen Blätter sind filzig behaart und schimmern dadurch grau. Die sattgelben Blüten stehen in rundlichen, kleinen Köpfchen in dichten Büscheln.

Die Verwandte der Strohblume kommt mit jedem Boden zurecht und liebt kalkhaltige Schotter- oder Lehmböden. Das winterharte Currykraut passt an den trockenen Rand einer Staudenrabatte und bringt Farbe in jede Kräuterspirale. Die Blätter des Currykrautes können Sie in der Küche als Curry-Ersatz verwenden – allerdings sollte es aufgrund des intensiven Aromas sparsam eingesetzt werden. Es passt als Würzkraut zu schlichten Reisspeisen; Vorsicht ist bei zutatenreichen Gerichten angebracht. Dekorieren Sie doch mal Curry-Eintöpfe stilvoll und farblich passend mit den Blütenständen!

Milde Aromen aus Japan

Kaum irgendwo wird die Ästhetik des Essens derart zelebriert wie in Japan. Verschiedene Speisen, angerichtet in verschiedenen hübschen Schälchen, werden kunstvoll arrangiert. Als Dekoration dienen essbare Blätter und Blüten.

Japaner lieben die Natur und geben gern der Mahlzeit eine jahreszeitliche Komponente: Blanchierte Austriebe von Funkien (*Hosta*) oder Farnen zeigen zum Beispiel das Frühjahr an, im Herbst schmücken die filigranen (und ebenfalls essbaren Blätter) des Fächer-Ahorns die Tafel.

Schärfe durch Wasabi

Die eher milden japanischen Gerichte werden ergänzt durch Soja- und Fischsoße. Wasabi in Form kleiner grüner Kleckse begleitet stets den rohen Fisch: Der pikant scharfe Japanische Meerrettich (*Wasabi japonica*) wächst entlang japanischer Gebirgsbäche. Für seinen Anbau legt man in einigen Landesteilen Japans terrassierte Kiesbeete an, die von klarem, kaltem Wasser durchströmt werden. Wasabi gilt als die älteste japanische Nutzpflanze. Verwendung findet das grüne Rhizom. Es sollte immer frisch verarbei-

1 ◂ **Absolute Frische** ist die Grundvoraussetzung für Sushi. Die belegten oder gefüllten Häppchen aus Reis sind in aller Regel mit rohem Fisch belegt oder gefüllt. Man kennt aber auch Sushi-Variationen mit Ei oder Gemüse wie Auberginen. Der Reis wird mit der Hand geformt und mit Fisch belegt. Oder man breitet Reis auf einer Bambusmatte aus, belegt ihn mit Fisch und formt daraus eine Rolle. Sushi wird üblicherweise als vollständige Mahlzeit verzehrt.

tet werden, denn geriebenen verliert es bereits nach zehn Minuten an Aroma. Meist genießt man jedoch mit Senf verlängerten Wasabi.

Shiso und Myoga

Während Wasabi mit seinen antibakteriellen und verdauungsfördernden Inhaltsstoffen zum rohen Fisch gehört, begleiten die jungen Triebe des Myoga-Ingwers (*Zingiber mioga*) gegrillten Fisch. Die Triebe mit weißer Basis, rotem Blattgrund und grünen Sprossen bringen Farbe auf den Tisch. Und schließlich dienen die Blätter sowie die herb-aromatischen Blütenstände des rotblättrigen Shiso häufig als Dekoration. Mit Shiso würzt und dekoriert man Salate, Tofu, Suppen und Reis.
Blühende Shiso-Stängel begleiten außerdem alle Formen von Tempura. Dafür zieht man Gemüse, Krabben oder Blüten durch einen dünnen Teig und frittiert alles kurz in heißem Öl. Schließlich dienen Shiso-Blätter – neben den dunkelgrünen Nori-Algen – dazu, Fisch für Sushi einzuwickeln. Sushi bezeichnet übrigens Zubereitungen von rohem Fisch mit Reis, die als eigenständige Mahlzeit gelten. Dagegen handelt es sich bei Sashimi um eine Vorspeise aus rohem, in dünne Scheiben geschnittenem Fisch. Er wird kunstvoll angerichtet und ohne weitere Beilagen genossen.

2 ▲ **Ein Genuss** sind sowohl die Blüten als auch die Blätter der Speise-Chrysantheme (*Chrysanthemum coronarium*). Die Japaner verwenden die Shungiku genannten Blumen häufig, um Speisen zu dekorieren. Säen Sie die Pflanze in nährstoffreichen Boden an einem offenen, sonnigen Platz und gießen Sie regelmäßig. Die tief geteilten, weichen Blätter können Sie bei Bedarf pflücken. In Japan genießt man sie – kurz gedünstet – mit Sojasoße und Sesamsamen zusammen mit Shiso. Der Geschmack ist mild-herb, bei heißer Sommerwitterung überwiegen die Bitterstoffe. Die zitronengelben Korbblüten erscheinen ab Juni einzeln an den Stängeln. Sie schmecken mild aromatisch in Salaten oder als Tempura.

Von mild bis scharf

Kräuter aus der Neuen Welt

Mit mexikanischen Gerichten verbinden viele die pfefferscharfe Würze der Chili und der Gewürz-Paprika. Tatsächlich sind die Mexikaner stolz darauf, die schärfsten Gerichte der Welt verzehren zu können. Chili-scharf liebt man es in ganz Mittelamerika, aber ebenso im Südwesten der USA. Von dort stammen weitere interessante Küchen- und Teekräuter.

Der Oregano des Mittleren Westens

Unter dem Namen „Mexikanischer Oregano" werden derzeit zwei Arten angeboten: *Poliomintha longiflora* hat lange, essbare Röhrenblüten, die sich weiß öffnen und später pinkfarben sind. Dagegen trägt *Lippia graveolens* (eine nahe Verwandte der Zitronen-Verbene, siehe Seite 173) weiße, süßlich duftende Blüten. Die Blätter beider Lippenblütler besitzen ein ausgeprägtes, pfeffriges Oregano-Aroma. Es bleibt beim Trocknen gut erhalten. Vor allem *Lippia* wird in weiten Landesteilen für typisch mexikanische Gerichte eingesetzt, etwa für Chili con Carne, ein Eintopfgericht mit Schmorfleisch und Dicken Bohnen. *Poliomintha*, die von den Hopi-Indianern seit alters genutzt wird, zieht man bei uns im Topf und überwintert sie im Haus. Die Pflanze zeigt sich in Kultur sehr nässeempfindlich und gedeiht besser bei sparsamen Wassergaben.

Die Blütenköpfchen der eigenwilligen Parakresse sind ebenso essbar wie die Blätter mit den rötlichen Stielen.

Mit Vorsicht zu genießen!

Ein besonders Geschmackserlebnis bietet die Parakresse aus dem tropischen Brasilien (*Acmella oleracea*). Der Korbblütler trägt kleine, kompakte, gelbe bis braune Blütenköpfchen. Achtung, die geruchlose Pflanze setzt ihre Aromastoffe erst beim Kauen frei: Der zunächst pikant-salzige Geschmack wandelt sich zu einer brennenden Schärfe, welche die Geschmacksnerven reizt. Neben den *Agastache*-Arten (siehe Seite 172) stammen einige feine Teekräuter aus Mittelamerika und aus den südlichen Vereinigten Staaten. Inzwischen hat man bei uns die scharlachrot blühende Goldmelisse (*Monarda didyma*) als attraktive Beetstaude für sonnige Plätze entdeckt. Alle Teile der Pflanzen riechen orangen- bis minzeartig. Die Blüten ergeben einen angenehm schmeckenden Tee. Als essbare Garnierung streut man sie über Salate und süße Gerichte. Die Blätter bewahren ihr Aroma lange und finden in Potpourris Verwendung. In den USA heißt die

Die Goldmelisse *schmückt mit hellroten, schmalen Lippenblüten.*

SMART

Monarden genießen

- **Blüten oder Blätter** der Goldmelisse aromatisieren Schwarzen Tee.
- **Frische Blüten** schmecken auf belegten Broten mit Frischkäse und Gurken.
- **Monarden-Blätter,** Petersilie und frisch gepresster Orangensaft ergeben eine Salsa für Grillfleisch.

Art auch „Wild Bergamot"; man bereitet daraus Oswego-Tea, dem eine heilende Wirkung nachgesagt wird. Ein etwas intensiveres Aroma besitzt die Wilde Monarde (*Monarda fistulosa*). Diese rund 80 cm hohe Beetstaude trägt lila Blütenquirle und kommt selbst mit sehr trockenen Standorten zurecht. Das stark würzige Blatt passt zu Fleisch oder bereichert Teemischungen. Dagegen erinnert *M. fistulosa* var. *menthaefolia* im Geschmack sehr an Oregano und wird entsprechend als Würzkraut eingesetzt. Die etwa 70 cm hohe Zitronen-Monarde (*Monarda citriodora*) trägt Quirle aus rosalila Blüten und ihre Blätter duften stark zitrusartig. Alle Monarden blühen lange im Hochsommer und sind ein Nektar-Eldorado für Wildbienen.

Universell: Kardamom

Das Ingwergewächs Kardamom (*Elettaria cardamomum*) zählt neben Safran und Vanille zu den feinsten – und teuersten! – Gewürzen. Geerntet und gehandelt wird die ganze getrocknete Frucht, aber nur die darin enthaltenen Samen tragen die Aromastoffe. Vor allem in der indischen und arabischen Küche wird das Gewürz gerne verwendet. Ursprünglich wuchs die Pflanze an den Hängen der Cardamom Hills, einem Teil des West-Ghats-Gebirges an der indischen Malabarküste. Angebaut wird Kardamom in kleinbäuerlichen Betrieben in Indien, Sri Lanka, Thailand, Laos, Mittelamerika und Papua Neuguinea. Die schilfartige Staude erreicht in den Tropen beachtliche Größen von mehr als 4 m, als Topfpflanze wird sie bestenfalls 1,50 m hoch. Aus den kräftigen Wurzelsprossen entspringen lanzettliche, handbreite Blätter von etwa 80 cm Länge. Die Blütenschäfte treiben direkt aus dem Rhizom. Die bis zu 60 cm langen Rispen tragen weiße Einzelblüten, deren Blütenblätter auf einer Seite zu einer gelben oder blauvioletten Lippe verwachsen sind. Als Frucht entwickelt sich eine grünlich gelbe, dreieckige Samenkapsel von 2 cm Länge und 1 cm Breite. Sie birgt 12 bis 18 der kleinen, rotbraunen Samen. Die Pflanze braucht zwar keine besonders hohen Temperaturen, aber sie benötigt ein gleichmäßig warmes, feuchtes Klima. Man stellt sie daher am besten im Wintergarten oder im beheizten Kleingewächshaus auf.

Unter günstigen Bedingungen wächst Kardamom zügig heran. Die Pflanze sollte halbschattig stehen, da in voller Sonne die Blätter verbrennen. Vermehrt wird sie sehr einfach durch Rhizomteilung oder über Rhizomschnittlinge. Blüten und Früchte entwickeln sich in Mitteleuropa selten.

Das Gewürz wird in der Regel als ganze, getrocknete Frucht gehandelt. Die Samen

Die grünen Fruchtkapseln enthalten kleine, dunkelbraune Samen.

als Träger des lichtempfindlichen Gewürzstoffes bleiben bis zur Verwendung in den Kapseln. Frische Kapseln bergen klebrige, angenehm würzig riechende Samenkörner. Sie enthalten ätherische Öle mit dem Hauptbestandteil Cineol. Im Handel angebotener, gemahlener Kardamom ist häufig mit Anteilen aromafreier Kapselschalen gestreckt. Das Gewürz wirkt verdauungsfördend und regt sowohl den Appetit als auch den Kreislauf an.

Kardamom *entwickelt sich im Topf zu einer dekorativen Grünpflanze.*

Kardamom in der Küche

Die Samen besitzen eine starke Würzkraft, unverkennbar ist ihr leicht süßlicher, fruchtiger, aber doch leicht scharfer und bittersüßer Geschmack. Kardamom gehört als wichtiger Bestandteil zu vielen Gewürzmischungen, unter anderen zu Curry, Masala und der arabischen Mischung Baharat. Kardamom würzt Süßes wie Pikantes. In Mitteleuropa verwendet man ihn hauptsächlich in Gewürzkuchen und Feingebäck, zum Aromatisieren von Likören, als Wurstgewürz oder in Brot. Traditionell ist Kardamom ein Bestandteil von Lebkuchengewürz. Kardamom passt aber ebenso zu Entenbraten und deftigen Fleischeintöpfen.

SMART

Für Kaffee und Tee

- **In den arabischen** Ländern würzt man den Kaffee mit Kardamom. Dabei wird eine Kapsel in die Tülle der Kanne gesteckt, und der Kaffee fließt beim Ausgießen darüber.
- **In Indien** dagegen aromatisiert man Schwarzen Tee (chai) mit Kardamomsamen.

Zitrusfrisches Aroma

Neben den Zitrusgewächsen mit wirtschaftlicher Bedeutung, beispielsweise Orangen, Zitronen und Mandarinen, sind einige Arten wichtige Aromapflanzen. Zitrusgewächse besitzen festes, glänzendes Laub und meist weiße, fünfzählige Blüten, die intensiv und süßlich duften. Die Früchte brauchen Monate, um auszureifen. In Kultur werden die Sorten in aller Regel auf die Bitterorange (*Poncirus trifoliata*) oder auf die Pomeranze (*Citrus aurantium*) veredelt.

Die Bergamotte reift nur unter günstigen Bedingungen aus.

Beliebtes Duftöl

Die relativ kälteverträgliche Pomeranze wird hierzulande als Kübelpflanze angeboten. Die apfelgroßen, orangefarbenen Früchte mit rauer Schale eignen sich nicht für den Frischverzehr. Die Briten lieben ihre „marmelade“, die sie aus den Schalen der „Bitter Orange“ herstellen. Aus den Schalen mit hohem Gehalt an ätherischen Ölen wird das Neroliöl gewonnen, die Grundkomponente von Kölnisch Wasser. Schon seit Jahrhunderten setzt man das Öl als Mittel gegen Kopfschmerzen ein. Die getrockneten Blüten finden sich häufig in Teemischungen mit beruhigender, schlaffördernder Wirkung. Dagegen verwendet man das Öl der Bergamotte (*Citrus bergamia*), um Schwarzem Tee das Earl-Grey-Aroma zu verleihen. Die blassgelbe Frucht der Bergamotte hat die Form einer Birne.

Zierliche Zimmerpflanze

Für die Zimmerkultur kommt die Kumquat (*Fortunella margarita*) in Frage. Die zierliche Pflanze behält ihren gedrungenen Wuchs und lässt sich leicht zurückschneiden. Nach kühler, heller Überwinterung blüht die Kumquat reich und setzt bereitwillig ihre pflaumengroßen, sauer-aromatischen Früchte an. Diese werden ungeschält verspeist oder man verarbeitet sie zu Marmelade. Reichlich fruchtet die ebenfalls kleinwüchsige Calamondin (× *Citrofortunella mitis*). Sie trägt fast das ganze Jahr über Blüten und Früchte, die Hauptzeit der Fruchtreife fällt in den Dezember.

Alle Zitrusgewächse verlangen nährstoffreiche, leicht saure Erde, die eine Beimischung aus Lehm und Sand erhält. Ebenfalls eignet sich Torfersatz auf Kokosbasis gut (Kokohum). Unten in das Pflanzgefäß kommt eine 4 cm dicke Schicht aus Splitt zur Dränage. Zitrusarten brauchen regelmäßige Wassergaben, reagieren aber empfindlich, wenn Staunässe auftritt. Am besten gießt man mit Regenwasser oder enthärtetem Wasser. Kalkhaltiges Leitungswasser führt auf Dauer zu schwachem Wachstum und zu Blattverfärbungen. Gedüngt wird alle zwei Wochen mit kalihaltigem Dünger. Zitrusgewächse gedeihen nur, wenn sie von Frühjahr bis Sommer hell und sonnig stehen. Im Winter genügen ihnen Temperaturen knapp über dem Gefrierpunkt, ein zu warmer Platz bekommt ihnen nicht. Während der kalten Jahreszeit gießt man nur spärlich. Wer den Versuch unternimmt, „Kerne“ aus Zitrusfrüchten auszusäen, wird feststellen, dass die Nachkommen recht unterschiedlich und anders als die Mutterpflanze aussehen. Die Blätter besitzen dann häufig die geflügelten Stiele der Pomeranze. Solche genetisch abweichenden Pflanzen fruchten in aller Regel nicht. Aus Japan stammt die hellgelbe Yuzu-Frucht (*Citrus junos*). Ihr intensiver, erfrischender Geschmack erinnert an eine milde Grapefruit. Nur der äußerste Teil der Schale wird dünn geschält, ansonsten isst man die weiche, aromatische Schale mit. Aus gepresstem Yuzu-Saft entstehen durstlöschende Softdrinks.

Die Kumquat *gedeiht gut als Topfpflanze, verträgt aber keine Zugluft.*

SMART

Konservieren

- **Getrocknet** hält sich das Zitrusaroma fast unbegrenzt. In Streifen geschnittene Schalen von Bitterorange und Orange legt man auf ein Gitter und lässt sie drei bis vier Tage trocknen.
- **Ganze getrocknete Limetten** aromatisieren deftige Eintöpfe.

Teepflanzen für Genießer

Milde, fruchtige oder würzige Teekräuter bieten dem Gaumen Abwechslung zu Softdrinks oder coffeinhaltigen Getränken.

Tee aus Kräutern bekommt nicht nur an kühlen Tagen, milde Aufgüsse löschen – lauwarm oder gekühlt getrunken – bei heißem Wetter den Durst besser als Limonaden. Sie führen dem Körper Mineralstoffe zu, belasten aber den Stoffwechsel weniger als etwa Kaffee. Manche Teekräuter besitzen aufgrund ihrer pflanzlichen Inhaltsstoffe eine medizinische Wirkung. Ihr häufiger Genuss sollte nicht ohne Rücksprache mit einem Arzt oder Apotheker erfolgen. Eine Selbstmedikation mit vermeintlich „harmlosen" Naturheilmitteln kann fatale Folgen haben. Die hier vorgestellten Teekräuter können Sie aber bedenkenlos genießen. Großes Potenzial bergen die verschiedenen Duftnesseln (*Agastache*). Die Arten aus Ostasien oder Mittel- und Südamerika besitzen milde, süß-würzige Aromen und ihre Blüten duften angenehm. Dank der langen Blütezeit sind sie gute Beetstauden oder dankbare Kübelpflanzen. Nach Duft und Geschmack unterscheidet man Aniskraut (*Agastache foeniculum*), Lemon-Aniskraut (*A. mexicana*) oder Orangenduft-Aniskraut (*A. cana*).

Koreanische Minze

Agastache rugosa

winterharte Staude

Die etwa 80 cm hohe Pflanze, auch „Koreanischer Fenchel" genannt, passt gut auf die Kräuterspirale oder an den Rand einer Staudenrabatte.

▸ Pflanze Der Lippenblütler trägt auf steifen Stängeln aufrechte, blauviolette, weiße oder rosafarbene, sehr dichte Blütenähren. Dank ihrer langen Blütezeit von Juni bis Oktober locken sie Schmetterlinge und Wildbienen an.

▸ Kultur Die Koreanische Minze aus Ostasien sowie ihre Verwandten aus Südamerika gedeihen problemlos in einem sonnigen Beet. Der Boden sollte durch Splitt- und Sandzusatz eine gute Wasserführung erhalten.

▸ Ernte Nach Bedarf Blätter abnehmen. Kurz vor der Blüte haben junge Blätter das beste Aroma.

▸ Verwendung Für Tee mit Minze-Aroma. Die robusten Blätter eignen sich gut zum Trocknen und duften fein in Potpourris. Frisches Kraut harmoniert mit süßlichem Gemüse (Karotten, Rote Bete, Kürbis). Blüten dekorieren Obstsalat, Kompott oder Pudding.

Malve

Hibiscus sabdariffa* var. *sabdariffa

einjährige Pflanze

Das Eibischgewächs ist im tropischen Afrika zu Hause, wird aber in vielen Teilen der Welt kultiviert.

▸ Pflanze Die einjährige Pflanze mit roten Stängeln wächst aus Samen zu einem sparrig verzweigten Busch heran. Die dunkelgrünen Blätter sind drei- bis fünffach gelappt. Die sehr dekorativen, weißgelben, großen Blüten mit auffällig dunkelroter Mitte erscheinen im Spätsommer bis Herbst.

▸ Kultur Die Pflanze gedeiht bei viel Wärme an einem hellen Platz. Sie braucht lockere, nährstoffreiche, frische Erde mit Tonanteil. Regelmäßig düngen. Entspitzen sorgt für einen kompakteren Wuchs.

▸ Verwendung In der Küche nutzt man die fleischigen, mit der Fruchtreife dunkelroten Kelchblätter sowie die länglichen, grünen Außenkelche. Der frische Kelch schmeckt in Obstsalat und Süßspeisen. Aus dem getrockneten Kelch bereitet man „Malventee"; er schmeckt gut zusammen mit getrockneten Apfelstückchen und Hagebuttenschalen.

Zitronen-Verbene

Aloysia triphylla

kleiner Strauch

Der Strauch stammt aus Uruguay, Chile und Argentinien. In Frankreich schätzt man die „verveine", um einen erfrischenden Tee mit Zitrusaroma zu bereiten.

▸ Pflanze Die langen, oft überhängenden Triebe tragen längliche, glänzend grüne Blätter mit einem rauen Rand. Im Juli und August erscheinen duftige Blütenstände mit winzigen, weißlich lila Blüten.

▸ Kultur Die Zitronen-Verbene steht dem Sommer über am besten auf einer Terrasse an einem halbschattigen Platz. Sie braucht gute Topferde mit Sand- und Tonanteil und regelmäßige Wassergaben, sonst welkt sie rasch. Im Winter sollte sie einen hellen Platz im Haus bei Temperaturen von 3 bis 10 °C haben. Bei Lichtmangel und tiefen Temperaturen wirft die Pflanze die Blätter ab.

▸ Verwendung Frische Blätter können Sie nach Bedarf ernten und für Tee aufbrühen. Getrocknet behält das Laub sein Aroma für lange Zeit. Die Blätter aromatisieren auch Kompott und Marinaden.

Kräuter zum Süßen

Kräuter mit natürlichem Süßstoff versprechen kalorienfreien Genuss und sie eignen sich für Diabetiker-Speisen. Wegen der enormen Süßkraft verwendet man sie sparsam.

Das Süß- oder Zuckerkraut (*Stevia rebaudiana*) stammt aus dem südlichen Brasilien und Paraguay, es wird heute weltweit angebaut. Die Staude mit biegsamen Trieben und weichen Blättern gedeiht am besten im Topf auf der Fensterbank. Im Zimmer bleibt sie den Winter über grün. Bei Kälte, Lichtmangel oder Trockenheit zieht die Pflanze ein, um im Frühjahr bei steigenden Temperaturen wieder auszutreiben. Die meiste Süßkraft besitzen ältere Blätter. Zu lang gewordene Triebe kann man nach Belieben einkürzen, damit die Pflanze buschig wächst.

Kalorienfrei süßen

Die Blätter enthalten einen Süßstoff, der die Süßkraft des gewöhnlichen Haushaltszuckers um ein Vielfaches übersteigt. Der Extrakt Steviosid süßt sogar 300-mal so stark wie Haushaltszucker. In der Euro-

1 ◂ **Das Aztekische Süßkraut** (*Lippia dulcis*) trägt rautenförmige, fein gezackte und am Rand rötlich überlaufene Blätter. In den Blattachseln erscheinen kleine weiße, duftende Blütenköpfchen. Der immergrüne Halbstrauch legt im Winter keine Wachstumsruhe ein. Die zierliche Pflanze wächst in tonhaltiger Topferde zügig heran, sie benötigt regelmäßige, aber schwach dosierte Düngergaben. Wenn die Triebe zu lang werden, bringt ein Rückschnitt das Aztekische Süßkraut wieder in Form.

päischen Union steht die Zulassung als Nahrungsmittel erst noch bevor.
Einen natürlichen Süßstoff besitzt ebenfalls das Aztekische Süßkraut (*Lippia dulcis*). Es stammt aus dem tropischen Mittel- und Südamerika und wurde bereits von den Azteken genutzt – der deutsche Name bezieht sich darauf. Der immergrüne Halbstrauch entwickelt hängende Triebe und gedeiht im Topf an jedem hellen Fenster. Im Winter braucht die Pflanze Zimmertemperatur.

Frische oder getrocknete Blätter beider Süßkräuter passen zu Tees und Cocktails, aber auch zu allen Süßspeisen wie Milchreis oder Obstsalat. Die Blätter und die Blüten dekorieren Süßspeisen aller Art. Das herbsüße Aroma von *Lippia dulcis* harmoniert hervorragend mit Zitronen-Verbene, Melisse und Pfefferminzen. Die Speisen müssen rasch verzehrt werden, denn die Kräuter besitzen nicht die konservierende Wirkung von Haushaltszucker.

2

▲ **Das Süßkraut** (*Stevia rebaudiana*) entwickelt behaarte Triebe mit weichen, hellgrünen Blättern. Weiße Blüten bilden sich im Herbst an den Triebspitzen. Die Staude braucht für ihre dicken Speicherwurzeln ein großes Pflanzgefäß und reagiert empfindlich auf Staunässe. Die Topferde sollte eine Beimischung aus Ton und Sand enthalten. Die Pflanze bleibt den Winter über grün, treibt aber an lichtarmen Plätzen sehr lange, dünne Triebe. Blätter kann man im Herbst rechtzeitig abnehmen und trocknen.

Verwandte der Küchen-Zwiebel

Weltweit genießt man Zwiebeln aller Art. Knoblauch zählt zu ältesten Kulturpflanzen überhaupt.

Zwiebeln und Knoblauch besitzen viele positive Wirkungen: Die schwefelhaltigen Inhaltsstoffe, von denen der scharfe Geruch herrührt, hemmen das Wachstum von Bakterien und Hefen, sie senken den Blutdruck und den Blutzuckerspiegel.
Wer den starken Geschmack ablehnt und für seine Mitmenschen nicht unangenehm riechen will, findet zum Beispiel im Zimmerknoblauch (*Tulbaghia violacea*) einen guten Ersatz. Recht mild schmeckt außerdem der Acker-Knoblauch (*Allium ampeloprasum*), und auch der wilde Knoblauch Nordamerikas, *Allium canadense*, besitzt einen weniger durchdringenden Geschmack. Blätter, Zwiebeln und Blüten aller *Allium*-Arten sind essbar.
Alle Zwiebeln und Lauch-Arten verlangen eine durchlässige Erde und sind gute Mischkulturpartner im Gemüsegarten. Knoblauch in der Nähe von Rosen soll vor Sternrußtau schützen.

Schnitt-Knoblauch

Allium tuberosum

sommergrün, 30 cm hoch

Der China-Lauch, Schnitt-Knoblauch, Knollen-Lauch oder Knolau stammt aus Ostasien.

▸ Pflanze Die relativ dünnen, langen Blätter sind flach. Die weißen, sternförmigen Blüten erscheinen im Sommer in zierlichen Dolden. Der Geschmack der Blätter ist intensiver als beim herkömmlichen Schnittlauch. Der winterharte Schnitt-Knoblauch wächst als mehrjährige Pflanze und bildet keine Zwiebeln.

▸ Kultur Einfache Aussaat in Schalen oder Töpfen, am besten im Abstand von einigen Wochen immer wieder neu aussäen. Die Art gedeiht in jedem guten Gartenboden. Ältere Horste sind einfach zu teilen. Eine Kultur im Topf ist möglich.

▸ Verwendung Im Geschmack milder als Knoblauch und intensiver als Schnittlauch. Klein geschnitten regt das Blatt in Salaten und Quarkzubereitungen den Appetit an. Manche Auslesen bilden essbare Brutzwiebeln. Kurz blanchiert passen die Blätter zu vielen asiatischen Gerichten. In den Wok gibt man sie erst in der letzten Minute der Garzeit.

Winter-Zwiebel

Allium fistulosum

immergrün, 80 cm hoch

Die Winter-Heckenzwiebel, Winter-Zwiebel oder der Zwiebelröhrl stammt aus dem südlichen Sibirien.

▸ Pflanze Die am Grunde verdickten Blätter bilden länglich geformte Zwiebeln, die zu mehreren dicht nebeneinander stehen. Die Blätter oder Schlotten sind röhrig, rund und fest. Die steifen, dicken Stängel tragen im Hochsommer dichte Dolden aus gelben Blüten.

▸ Kultur Die mehrjährige, sehr frostharte Pflanze kann über Jahre am gleichen Platz stehen. Blätter kann man fast das ganze Jahr über ernten. Während der Wintermonate ist die Kultur im Topf möglich. Saatgut ist im Fachhandel erhältlich. Ältere Pflanzen kann man leicht teilen, indem man die Brutzwiebeln auseinander zieht.

▸ Verwendung Verwerten Sie das Laub möglichst frisch, da es rasch welkt. Das relativ derbe Kraut würzt Suppen, Eintöpfe, Kartoffeln und Eier, indem Sie es einfach über die fertigen Speisen streuen.

Zimmerknoblauch

Tulbaghia violacea

immergrün, 60 cm hoch

Der Zimmerknoblauch mit unverkennbarem Knoblauchgeschmack ist in Südafrika beheimatet. Nach dem Verzehr des Blattgrüns ist kein strenger Atem oder Körpergeruch zu befürchten!

▸ Pflanze Die Pflanze mit porreeartigem, flachem Laub bildet keine Zwiebeln, sondern einen unterirdischen Spross (Rhizom). Von Frühjahr bis Herbst erscheinen hübsche rosalila Blüten in lockeren Dolden. Die niedrige Sorte 'Variegatus' besitzt weiß-grün gestreifte Blätter; sie wächst kompakter.

▸ Kultur Die mehrjährige Kultur bereitet im Topf keine Probleme, sofern ein heller, kühler Überwinterungsplatz zur Verfügung steht. Im Sommer am halbschattigen bis sonnigen Platz im Freien aufstellen. Üppig gewordene Pflanzen lassen sich leicht teilen.

▸ Verwendung Anstelle von Knoblauch eignen sich die aromatischen Blätter für alle mediterranen Gerichte und vor allem zu Tomaten, Auberginen und Oliven. Sie schmecken in Salaten, Dips, Kräuterquark und Tsatziki.

Pfefferscharf bis paprikamild

Chili und Gewürz-Paprika bieten eine schier unerschöpfliche Vielfalt an Sorten mit unterschiedlichen Geschmacksnuancen von fruchtig-mild bis feurig-scharf. Sicheres Unterscheidungsmerkmal zwischen der mehrjährigen Chili-Pflanze und der einjährigen Paprika: Chili- oder Tabasco-Früchte (*Capsicum frutescens*) entwickeln sich aufrecht stehend an einer etwa 50 cm hohen Pflanze mit länglich ovalen, dunkelgrünen Blättern. Bei Paprika (*Capsicum annuum*) dagegen hängen die Früchte am Strauch. Beide Arten besitzen hübsche weiße, sternförmige Blüten. Die „peppigen" Früchte färben sich bei der Reife von Grün über Gelb nach Rot.
Als Gewürz verwendet man die getrockneten oder frischen Früchte, die botanisch gesehen zu den Beeren zählen. Bei *Capsicum annuum* unterscheidet man unterschiedliche Sortengruppen: Zur Grossum-Gruppe zählen alle Gemüse-Paprika-Sorten, während Peperoni und Cayennepfeffer zur Longum-Gruppe gehören. Die in Blumengeschäften angebotenen Zier-Paprika-Sorten ordnet man der Cerasiforme-Gruppe zu. Diese Zimmerpflanzen mit farbigem, dekorativem Fruchtbehang sind leider nur relativ kurzlebig. Auch die Früchte der Zier-Paprika sind essbar, schmecken jedoch meist recht fade.

Chili-Früchte *brauchen mindestens drei Monate zum Ausreifen.*

Ein Amerikaner in Indien

Capsicum frutescens hat seine Heimat im tropischen Amerika, *Capsicum annuum* stammt aus Mittelamerika. Auslesen werden seit Jahrtausenden kultiviert. Die Gewürz-Paprika kam bereits im 16. Jahrhundert nach Europa, allerdings nahm sie den Umweg über Indien, wo sie seit langem zum Standard-Repertoire der Küchen gehört. Mit der eigentlichen asiatischen Pfefferpflanze ist sie nicht verwandt.
Jede Region – sei es in der Karibik, in Südamerika, Südostasien oder Südeuropa – hat eigene Auslesen mit Unterschieden in Form, Farbe und Geschmack hervorgebracht. In Mexiko herrscht

die größte Vielfalt, hier besitzen die Chili- oder Paprikatypen sogar eigene Bezeichnungen! Und oft wird die getrocknete Frucht wieder mit einem anderen Namen bedacht. Eingelegt oder zu Jelly verarbeitet, genießt man in Mexiko wie im Südwesten der USA gern die grüne, zylindrisch längliche Jalapeño. Geröstet erhält die mittelscharfe Frucht einen rauchig-süßen Beigeschmack und heißt dann Chipotle. Sie würzt Suppen und Eintöpfe.
Legendär ist die Schärfe von Tabasco (aus dem die gleichnamige Soße entsteht) und der Thai-Chili. Die italienische Peperoncino wächst lang gestreckt und oft gekrümmt. Die runzligen Früchte haben ein süßliches Aroma, das gut zu Mixed Pickles und Tomatensoße passt.

Die kurzlebigen Zierformen besitzen ebenfalls genießbare Früchte.

SMART

Schärfe konservieren

› **Chili und Cayennepfeffer** bewahren lange ihr Aroma, wenn man sie an der Sonne trocknet oder im Ofen darrt. Mit zerstoßenen Chilis, Salz und Zitronensaft oder Essig, ergänzt um weitere frische Kräuter, lassen sich pikant-scharfe Würzsoßen bereiten.

Mit Vorsicht genießen

Die Scharfstoffe und Öle fördern die Verdauung, rufen aber ein scharfes Brennen und ein intensives Wärmegefühl hervor. Schleimhautreizungen und eine vorübergehende Irritation der Geschmacksnerven können nach dem Verzehr von chilischarfen Gerichten folgen.
Im Garten brauchen Paprika und Chili sehr viel Wärme und einen gut gepflegten Boden. Einfach gelingt die Kultur der gedrungenen Sorten, die speziell für Pflanzgefäße heranzüchtet wurden. ‘Apache’ zum Beispiel bildet einen hübschen, lockeren, 50 cm hohen Busch aus, der eine Fülle kleiner, leuchtend grüner und später hochroter Früchte trägt. Sie schmecken durchdringend scharf.

Reine Geschmackssache: Koriander

Bei diesem Kraut scheiden sich die Geister: Manche lieben das erdig-scharfe, ölige Aroma mit Anklängen an Minze, Zitrone und Ingwer, andere empfinden den Geruch als abstoßend. Im Mittelalter wurde Koriander (*Coriandrum sativum*) als „stinkend Kraut“ bezeichnet, bei den Chinesen heißt er übersetzt „duftende Pflanze“. Tatsächlich besitzt Koriandergrün einen recht intensiven und dabei komplexen Geschmack, die Samen schmecken mild und würzig. Ursprünglich stammt Koriander aus dem Mittelmeerraum und aus Vorderasien. Angebaut und verwendet wird er heutzutage nahezu weltweit. Besonders häufig nutzt man das Kraut in Asien und Lateinamerika, die Thai-Küche verarbeitet obendrein die lange, spindelförmige Wurzel. In Europa kennt man mehr die runden, angenehm aromatischen Samen, zum Beispiel als Brotgewürz oder für Kompott und Apfelkuchen. Im Vorderen Orient und in Indien kommen das Kraut und die Samen gleichermaßen zum Einsatz.

Koriandersamen werden gern als Brotgewürz verwendet.

Kurzlebiges Gewächs

Das einjährige Kraut lässt sich leicht aus Samen ziehen. Man sät ab Ende April direkt auf das Beet. Zur Entwicklung benötigt Koriander einen gepflegten und gut wasserdurchlässigen Gartenboden. Ständige Nässe bekommt der Pflanze gar nicht. Geerntet wird während des ganzen Sommers. Je nachdem, welcher Pflanzenteil verwendet wird, stehen verschiedene Typen zur Verfügung: Blatt-Koriander kommt nicht so schnell zum Blühen wie Körner-Koriander. Bei Blatt-Koriander verlängert sich deshalb der Erntezeitraum. Sie sollten dennoch immer wieder nachsäen, um ständig frisches Kraut ernten zu können. Am Stängelgrund sitzen rundliche, gesägte Fiederblättchen, stark geschlitzt sind dagegen die Stängelblätter.

Die Blüten entwickeln sich in dichten weißen oder rosafarbenen Dolden. Mit der Blüte beendet die Pflanze ihr Wachstum, sie bildet nun Samen aus. Die Samen sind reif für die Ernte, wenn sie sich von Grün nach Hellbraun verfärben. Zum Trocknen hängt man die Stängel kopfüber an einen warmen Platz und wickelt den Samenstand in eine Papiertüte ein. Nach dem Ausdreschen lässt man sie in der Sonne noch eine Weile nachtrocknen. Koriander wird in der asiatischen und mexikanischen Küche häufig mit Chili, Basilikum, Limetten und Minze kombiniert. In Portugal isst man Koriander zu Kartoffeln und Dicken Bohnen. Das filigrane Kraut fügt man erst ganz am Ende der Garzeit den Gerichten zu. Geröstete Samen würzen viele Curry- oder Masala-Mischungen.

Entfernt verwandt

Einen ähnlichen Geschmack wie Koriander besitzt neben Rau Ram (siehe Seite 153) der Mexikanische Koriander (*Eryngium foetidum*). Die zierliche zweijährige Pflanze stammt ursprünglich aus der Karibik, in Deutschland ist sie unter verschiedenen Bezeichnungen wie „Sägeblattkraut", „Stacheliger Koriander" oder „Culentro" erhältlich. Die langen, zähen Blätter mit gesägten Rändern schneiden Sie knapp über dem Boden ab. Entfernen Sie die dicke Mittelrippe und zerkleinern Sie das Kraut im Mörser oder mit dem Pürierstab, da sich die gezähnten Blattränder ansonsten zäh und unangenehm anfühlen. Die Stacheln an den älteren Blättern müssen vor der Zubereitung sorgsam entfernt werden.
Der erdige, scharfe Geschmack ist konzentrierter und bitterer als beim gewöhnlichen Koriander, sein Geruch hat eine unangenehme Note. Im Garten wünscht „Culentro" einen durchlässigen Boden an einem halbschattigen Platz. In der Sonne und bei Trockenheit entwickeln sich rasch die Blütenstände und der Geschmack wird intensiver. Entfernt man die Blütenstängel, bilden sich dichtere Blatthorste. Die Mexikaner würzen mit „Culentro" gerne ihre Salsas, in Thailand verwendet man das Kraut, um den wenig geschätzten Eigengeruch von Rindfleisch zu überdecken.

Fein geteiltes Kraut liefert über längere Zeit der Blatt-Koriander

SMART

Kopflastig

› **Die zarten Stängel** vom Koriander knicken leicht, sobald sich die Samenstände mit den kugeligen Körnern bilden. Stützen Sie die Pflanze rechtzeitig ab.

Mut zur Kräuterküche!

Selbst angebaute Kräuter finden in der Küche vielfältige Verwendung. Mit etwas Mut zum Experimentieren finden Sie bald heraus, welche Würzkombinationen Ihnen zusagen und welche Dosierung bei Tisch ankommt.

Viele exotische Kräuter werden in Europa noch nicht lange kultiviert, daher gibt es für die Verwendung in der hiesigen Küche noch wenige Empfehlungen und Erfahrungswerte. Anders verhält es sich bei den traditionellen Küchenkräutern wie Petersilie, Majoran, Salbei und Schnittlauch: Hier weiß man, zu welchen Gerichten diese Aromen passen, welche Zubereitungsform ein ganz bestimmtes Kraut erfordert. Nun darf und muss die Kreativität der Hobbyköche ansetzen: Die feinen, oft leicht flüchtigen Aromen exotischer Kräuter passen zu vielen Speisen, aber nicht jeder ist davon begeistert. Erfahrungsgemäß lassen sich die „neuen“, ungewohnten Aromen nur schwierig mit den

1 ◂ **Auberginen** (hier auf einem Spieß zum Grillen) haben wenig Eigengeschmack, schmecken aber vorzüglich in Kombination mit Olivenöl und Kräutern. Eine ideale Ergänzung liefert Kräuterquark, der rasch hergestellt ist: Magerquark mit Jogurt im Verhältnis 4:1 mischen und etwas Schmand unterheben. Als Würzkräuter eignen sich Frucht-Salbei, Zimmerknoblauch, Oregano und Strauch-Basilikum.

althergebrachten Küchenkräutern kombinieren – es überwiegt die Wahrnehmung des Bekannten, die Geschmacksergänzung wird als fremd empfunden.
Ein weites Experimentierfeld bietet die herkömmliche Hausmannskost: Gerichte wie Rührei, Omelett, Pellkartoffeln oder Kartoffelgratin, Nudeln mit Sahne- oder Käsesoßen kann man um interessante Geschmacksnoten bereichern, indem man sie mit frischen Kräutern veredelt. Hervorragend passen dazu Frucht-Salbei, Strauch-Basilikum, Koriander, Muskatkraut und Zimmerknoblauch. Ernten Sie die Blätter immer frisch, hacken Sie das Kraut nur grob und streuen Sie es erst unmittelbar vor dem Servieren über das Gericht.
Verschiedenste fremdländische Kräuter lassen sich hervorragend in Quark und Jogurtsoßen verwenden. Quark ergänzt Kartoffeln und gegrilltes Gemüse, Jogurt passt gut zu Grillfleisch oder rohen Gemüsestreifen. Seien Sie vorsichtig mit dem Dosieren: Der Geschmack von Koriander tritt gern hervor, auch Strauch-Basilikum und Zimmerknoblauch würzen intensiv, im Gegensatz zum sehr zurückhaltenden Frucht-Salbei.
Weil Geschmack eben so unterschiedlich ist, hat es sich bewährt, die gehackten Kräuter extra in einem Schälchen anzurichten, sodass sich jeder Gast bei Tisch nach Belieben bedienen kann.

2

▲ **Falafel** kennt man überall in Nordafrika und in Vorderasien. Einwanderer aus Afrika brachten die Kichererbsenbällchen mit nach Frankreich. Die Zubereitung von Falafeln gelingt ganz leicht mit Hilfe von Kirchererbsenmehl. Würze liefern traditionell Knoblauch, gehackte Zwiebeln, Korianderkraut und Kreuzkümmel, doch passt – statt dessen – auch Strauch-Basilikum und Zimmerknoblauch, ergänzt durch wenig Pfeffer. Man mischt unter das Mehl eine Prise Backpulver und die Gewürzzutaten, gießt mit heißem Wasser auf und lässt alles für rund 10 Minuten quellen. Die Konsistenz stimmt, wenn der Teig gut bindet. Man formt höchstens 4 cm große Bällchen, die schwimmend in Öl ausgebacken werden. Dazu reicht man frisches Pittabrot, Jogurtsoße oder eine mit Zitronensaft angesäuerte Tomatensalsa.

SPEZIAL

Kluge Tipps für SMARTe KIDS

Schlaue Extras

Hier findet ihr Ideen für Kleinigkeiten für euch selbst oder zum Verschenken. Ihr werdet staunen: Das alles kann man aus Kräutern machen?

Besonders in der kalten Jahreszeit, wenn draußen keine frischen Kräuter wachsen, könnt ihr zu Hause in eurem Zimmer einen kleinen Kressegarten anlegen. Einfach Watte in ein Tongefäß, z.B. einen Igel, legen, wässern und die Kressesamen hineinstreuen. Danach müsst ihr nur darauf achten, dass die Samen immer gut feucht sind. Nach wenigen Tagen an einem warmen, hellen Ort keimen die Samen und schon bald könnt ihr frische Kresse ernten. Sie schmeckt gut auf einem Quarkbrot.

Tierische Eierparade

Hierzu braucht ihr:

- **Ausgeblasene Eier**
- **Lufthärtende Modelliermasse**
- **Bastelfarben**
- **Schnur für die Schwänze**

Formt zuerst die Ohren, Arme, Beine, Schnabel etc. aus Modelliermasse. Als Modellierwerkzeuge sind Streichhölzer und Kaffeelöffel hilfreich. Nachdem die Körperteile aus Modelliermasse getrocknet sind, könnt ihr sie mit Bastelfarben bemalen. Auch die Eier werden mit der gewünschten Grundfarbe bemalt. Für die Schwänze werden vorsichtig Löcher in die Eier gebohrt und die Schnur wird hineingesteckt. Klebt nun die Teile aus Modelliermasse mit schnell härtendem Klebstoff auf die Eier. Nachdem ihr die Gesichter aufgemalt habt, könnt ihr die lustigen Eiertiere noch mit Klarlack besprühen. In Kressetöpfchen fühlen sich die Tiere besonders wohl!

Kressegarten

Hierzu braucht ihr:

- **mehrere Eierschalen**
- **Watte**
- **Kressesamen**

Ihr könnt leere Eierschalen verwenden, die beim Kochen oder Backen anfallen. Sie müssen zunächst gründlich gesäubert werden. Legt in jede halbe Eierschale etwas Watte und feuchtet sie an. Damit die Eierschalen dabei nicht umfallen, stellt sie am besten in Eierbecher. Verteilt nun die Kressesamen auf der feuchten Watte und stellt die Eierschalen an einen hellen, warmen Ort. Nach wenigen Tagen sprießt die Kresse und ihr erhaltet so lauter lustige Kresseköpfchen. In einem Körbchen mit Stroh sehen sie sehr hübsch aus.

Der Mini-Kräutergarten

Hierzu braucht ihr:

- **1 weites, nicht zu hohes Pflanzgefäß**
- **Blumenerde**
- **3 bis 4 verschiedene Kräuterpflanzen**
- **Kieselsteine**
- **eine hübsche Schleife zum Verzieren**

Das Pflanzgefäß sollte unbedingt Abflusslöcher haben, damit sich das Gießwasser nicht im Topf staut. Dann verteilt ihr etwas Erde in dem Gefäß und setzt die Kräuter hinein. Füllt mit Erde bis kurz unter den Topfrand auf und drückt die Erde fest. Nun einmal gründlich gießen. Zwischen die Kräuter legt ihr schöne Kieselsteine zur Dekoration und damit die Erde nicht so schnell austrocknet. Wer möchte, kann dann noch eine hübsche Schleife um den Topf binden. In den Kräutertöpfen, die ihr oben auf dem Foto seht, wächst Schnittlauch: Einfach Schnittlauch in einen einfarbigen Topf pflanzen (Abflussloch nicht vergessen!), eine Bastschleife herumbinden – fertig ist ein tolles Geschenk, das gut in die Küche passt.

SPEZIAL

„Nase“ werden die berühmten Männer und Frauen genannt, die neue Parfums erfinden. Dazu üben sie jeden Tag Düfte erkennen. Das könnt ihr auch, wenn ihr ein Spiel daraus macht, die Kräuter mit verbundenen Augen nur mit der Nase zu erraten. Verschiedene Minzen erkennen ist gar nicht so schwer, denn sie duften ganz unterschiedlich, wenn man die Blätter zwischen den Fingern zerreibt.

▲ Duftender Barfußpfad

Ihr kennt sicher längst einen Barfußpfad, aber einen duftenden habt ihr bestimmt noch nie ausprobiert! Er besteht aus niedrig wachsenden Duftpflanzen, die man barfuß betreten kann. Dazu gehören die Korsische Minze und die Teppich-Polei-Minze. Die niedrige, weiche Korsische Minze kannst du an einem sonnigen bis halbschattigen Ort in lockeren sandigen Boden pflanzen. Die etwas höhere, raue Polei-Minze pflanzt man eher schattig in feuchten und humosen Boden. Die bepflanzte Fläche muss die ersten Wochen regelmäßig befeuchtet werden, falls es nicht regnet. Bald danach könnt ihr den Duftpfad betreten und habt garantiert anschließend die am besten riechenden Füße der ganzen Umgebung!

▲ Erfrischende Eiswürfel

Hierzu braucht ihr:

- Eiswürfelbehälter oder -beutel
- Wasser oder kalten Minzetee
- Minzeblättchen

Füllt das Wasser oder den Tee vorsichtig in die Eiswürfelbehälter und legt je eine Triebspitze oder mehrere Minzeblättchen mit hinein. Dann friert ihr alles ein. Die hübschen Eiswürfel könnt ihr für verschiedene Getränke wie Eistee, Kinder-Bowle oder Minze-Kakao verwenden.

▲ Saubere Zähne

Wusstet ihr, dass die meisten Zahncremes Minzeöl als Aromastoff enthalten? Deshalb schmecken sie auch so schön frisch. Das Pfefferminzöl darin macht euch morgens so richtig munter, denn Menthol erfrischt und belebt. Auch mit einem zuckerfreien Zahnpflegekaugummi mit Minzegeschmack könnt ihr eure Zähne reinigen, wenn ihr keine Zahnbürste dabei habt. In der Schule und bei den Hausaufgaben kann man damit die Konzentration verbessern. Wenn der Kaugummi nicht mehr nach Minze schmeckt, nehmt einfach ein Minzeblatt und kaut es zusammen mit dem Kaugummi.

Pflanzenregister

Rezeptregister

Infoecke

Adressen

Herb's (Bioland)
Alexanderstr. 29
27801 Oldenburg
Tel. 0661-882168
www.kraeuterei.de

Kräuter- und Wildpflanzengärtnerei Strickler (Bioland)
Lochgasse 1
55232 Alzey-Heimersheim
Tel. 06731-3831
www.gaertnereistrickler.de

Syringa Duft- und Gewürzkräuter
Bachstr. 7
78247 Hilzingen-Binningen
Tel. 07739-1452
Fax 07739-677
www.syringa-samen.de

Artemisia
Hopfen 29
88167 Stiefenhofen
Tel. 08386-960510
Fax 08386-961520
www.artemisia.de

Gärtnerei Gaissmayer
(Bioland)
Jungviehweide 3
89257 Illertissen
Tel. 07303-7258
www.staudengaissmayer.de

Minzmuseum
Parkstr. 43
82223 Eichenau
geöffnet So 14–16 Uhr
www.minzmuseum.de

Die Autorinnen

- **Dr. Gabriele Lehari** ist promovierte Biologin, selbstständige Lektorin und Übersetzerin für Sachbücher mit den Schwerpunkten Natur, Umwelt und Hobby. Außerdem ist sie erfolgreiche Autorin vieler Bücher zu den Themen Tiere, Garten und Kochen.
- **Claudia Boss-Teichmann** ist Historikerin und arbeitet als freie Redakteurin. Sie hat sich auf Sachbuch- und Ratgeberthemen spezialisiert. Ihr besonderes Interesse im Bereich Ernährung und Garten gilt dem Kochen mit saisonalen und regionalen Lebensmitteln und dem Anbau und der Verwendung von Kräutern.
- **Brigitte Kleinod** ist Biologin und Autorin vieler Gartenbücher. Minzen werden von ihr als erfrischende Gewürz- und unkomplizierte Gartenpflanzen besonders geliebt, zumal es viele geeignete Schattenplätze in ihrem großen Garten gibt.
- **Agnes Pahler** ist Diplom-Agrarwissenschaftlerin und arbeitet als freie Lektorin für verschiedene Buchverlage, Zeitungen und Zeitschriften. Auf den Geschmack exotischer Kräuter kam sie durch einen Studienaufenthalt in Thailand und während verschiedener Reisen ins Ausland.

Bildquellen

Bauer, Roland: S. 27
Bildarchiv Monheim: S. 86
Botanik Foto: S. 173 li.
Brauner, M./StockFood: S. 96
Caspersen, Gisela: S. 13, 23
CMA: S. 61, 97, 99
CMA/Dt. Kartoffel: S. 69
DeSanto/StockFood: S. 100
Diercks/PicturePress: S. 159
Diez, O./Bildagentur Waldhäusl/Arco Digital Images: S. 38
Flora Press: S. 17, 107, 140/141
Frechverlag, 1998; TOPP 2419: 185 li.
Fuchs, Leonhart/New Kreüterbuch (Zeichnung): S. 48
Hauser, Steffen/Botanik Foto: S. 42, 43
Kleinod, Brigitte: S. 187 li.
Laux, Hans E.: S. 24, 89, 112, 114, 117, 120, 122, 124, 126, 132, 133, 134, 156, 157, 161, 167, 168, 172 Mi., 178
Neckermann, Brigitte/Picture Press: S. 142, 154
Pahler, Agnes: S. 153 re.
Pfluegl, Franz: S. 187 re.
PixelQuelle.de: S. 37, 46
Radloff/Picture Press: S. 29
Redeleit, Wolfgang: U4 li., S.15, 20, 22, 30, 31, 131, 176, 177 li., 177 re.
Reinhard, Hans: S. 2 Mi., 2 u., 4 Mi., 11, 25, 26 li., 26 Mi., 32/33, 34/35, 39, 40, 41, 44/45, 47, 49, 50, 51, 54, 56, 82/83, 84/85, 87, 91, 95, 103, 106, 109, 115, 118, 119 li., 119 re., 121 li., 123, 125, 127 o., 128, 130, 136, 143, 144, 145 li., 145 Mi., 146, 148, 150, 152, 164/165, 166, 170, 173 re., 174, 181, 186, 187 Mi.
Reinhard, Nils: S. 88, 160
Renaud, Victor: S. 180
Rogers/Picture Press: S. 110/111
Rupp, Christel: S. 163
Schumann, Martina/Flora Press: S. 102
Shaz/Camera Press/Picture Press: S. 16
Smit, Daan: S. 145 re.
Stradtmann, Richard/Essen & Trinken/Picture Press: S. 129
Stradtmann/PicturePress: S. 155
Strauß, Friedrich: S. 2 o., 4 o., 4 u., 6/7, 8/9, 14, 18/19, 21, 28, 52/53, 55, 92/93, 105, 116, 135, 138, 147, 149, 151, 153 li., 169, 171, 175, 179, 184, 185 Mi., 185 re.
Teubner Foodfoto: S. 162, 183
Treloar/StockFood: Titelbild
Visigalli/Mondadori/PicturePress: S. 182
Volk, Fridhelm: U4 re., S. 56, 59, 62, 63, 65, 67, 70, 71, 73, 74, 75, 77, 79, 81, 121 re., 127 u., 137
Wandmacher, Ingo: S. 101

Literatur

- **Bohne, Burkhard:** Taschenatlas Küchenkräuter. Verlag Eugen Ulmer, Stuttgart 2008.
- **Bühring, Ursel:** Alles über Heilpflanzen. Verlag Eugen Ulmer, Stuttgart 2007.
- **Busch, Marlies:** Wildkräuter, Verlag Eugen Ulmer, Stuttgart 2009.
- **Dittus-Bär, Renate:** Großmutters Kräuterapotheke – Schönes und Nützliches aus Pflanzen. Verlag Eugen Ulmer, Stuttgart 2003.
- **Volk, Renate und Fridhelm:** Kochen mit Kräutern. Verlag Eugen Ulmer, Stuttgart 2011.

Haftung

Impressum

Bibliografische Information der Deutschen Nationalbibliothek
Die Deutsche Nationalbibliothek verzeichnet diese Publikation in der Deutschen Nationalbibliografie; detaillierte bibliografische Daten sind im Internet über http://dnb.d-nb.de abrufbar.

Wollgrasweg 41,
70599 Stuttgart (Hohenheim)
E-Mail: info@ulmer.de
Internet: www.ulmer.de

Lektorat: Doris Kowalzik
Umschlaggestaltung: red.sign, Anette Vogt, Stuttgart
Innengestaltung: X-Design, München
DTP: juhu media, Susanne Dölz, Bad Vilbel
Druck und Bindung: Litotipografia-editrice Alcione, Trento
Printed in Italy

ISBN 978-3-8001-7529-1